행복을 찾아가는
귀농 이야기

행복을 찾아가는
귀농 이야기

돈이 없어도 내가 귀농한 이유

이미순 지음

한국경제신문*i*

자연이 주는 기쁨과 혜택은
우리의 행복한 삶이다

파란 하늘 위에 하얀 구름은 각양각색의 모양으로 그림을 그리고 있다. 언제부터인지 밤에는 별을 보고, 낮에는 하늘 위의 구름이 흩어졌다 모였다 하는 그림을 감상하고 있다.

귀농해서 농부로 살아갈 수 있는 이곳에서만 보고 느낄 수 있는 여유로움이다.

농촌은 지금 눈코 뜰 새 없이 바쁘다. 며칠간 잦은 비로 인해 하루가 멀다고 쑥쑥 자라는 풀과의 전쟁이 시작되었다. 오늘부터는 복숭아 적과(열매솎기)가 시작이다. 그나마 열매가 적어서 털이 날리지 않아 다행이다. 복숭아 알레르기 있는 남편은 완전무장하고 격전하는 전사와 같다. 이렇게 몇 날 며칠을 전정하고 나면 연이어 양봉 꿀도 뜨고, 대추순도 제거해야 한다.

'10년이면 강산도 변한다'라는 말이 있다. 직장 생활 38년 동안 하루하루가 늘 새로웠다. 1983년에 처음 운전면허를 취득했을 때의 느낌처럼 사회 생활의 첫발을 잘 디뎠다. 오랜 세월 직장이라는 울타리 안에서 안정된 생활을 하며 정년퇴임식을 맞이할 수 있었다. 지내고 보니 나는 참 복이 많은 사람이라는 것을 알게 되었다. 퇴직 이후의 삶을 준비할 수 있도록 지원해준 전문교육프로그램은 퇴직 후 많은 도움이 되었다.

정년을 앞둔 직장인들의 마음은 대부분 심란하다. 퇴직 후 수입 감소로 미래에 대한 불안감을 느낀다. 새로운 것에 용기 있게 도전하지 못하고 망설였던 일들에 대해 후회도 한다. 과거에 대한 후회와 집착은 현재를 우울하게 만든다. 흰머리는 눈에 띄게 늘어만 가는데 이 나이에 잘할 수 있을까? 가보지 않은 길에 대한 불안함에 망설인다. 상대적으로 자신감도 낮아진다. 정년까지 열심히 일해온 사람들은 오랜 시간 틀에 박힌 규칙적인 생활에 길들여져 일 중독의 습성은 쉽게 바뀌지 않는다. 휴식도 잠시, 새로운 일을 찾으려고 한다. 퇴직은 인생의 끝이 아니라 새로운 인생을 준비하기 위한 하프타임이다.

시골에서 살아본 적이 없던 나는 남편의 사업으로 인해 처음 내려온 곳이 삼천포였다. 바닷가 옆이라 그런지 사람들의 표정은 밝지는 않았지만, 투박하고 무뚝뚝한 사투리와 말투가 소박하게 들려왔다. 만나는 사람들의 모습에서 꾸밈없이 순수한 인간미를 느꼈다.

농촌에 대한 그리움이었을까? 살다 보니 꾸밈없는 시골살이가 좋았다. 주말이면 산과 들로 다니다 귀농을 결심했다. 농사에 농자도 모르던 우리는 우선 배우고 준비하는 시간을 가졌다. 교육과정을 통해 지식과 정보를 접하면서 임업후계자도 되었다.

처음이자 마지막 직장에서 결혼도 하고, 출산도 하며, 자녀 결혼도 시켰다. 그리고 정년퇴임도 했다. 인생의 전반전을 끝냈다. 이제 인생의 작전타임이 시작되었다. '인생 이모작을 무엇을 어떻게 재미있게 살아갈 수 있을까?' 준비하는 하프타임이다. 설렘의 제2의 인생을 시작하기 위해 새로운 도전인 귀농을 선택했다. 높은 하이힐을 벗고 사계절 내내 빨간색의 장화만 신는다. 한 번도 메어보지 않았던 풀을 베는 예초기도 짊어졌다. 고생해서 밭을 경작하지 않으면 성공할 수 없듯이, 노력을 위해 쓰는 근육은 아름답게 발달한다. 농사일 자체가 고된 과정이다. 그러나 호기심 갖고 새로운 길을 걷는 것은 늘 설렌다.

이 세상에는 공짜는 없고 쉬운 일도 하나도 없는 법이지만 그래도 내가 좋아서 하는 일들을 꾸준하게 하다 보면 돈보다 더 귀한 에너지를 받는다. '자연과 가까울수록 병은 멀어지고 자연과 멀수록 병은 가까워진다'는 말처럼 자연은 기쁨의 원천이다.

인생 이모작의 시작은 연고도 없던 낯선 청도로의 귀농이었다. 인생의 새로운 전환기를 맞는 중요한 시기에 평생 현역으로 살 수 있는 직업을 선택했다. 농촌에서의 농부였다. 농부는 정년이 없다. 그래서 하늘 아래 첫 집 무릉도원 마티아 농장에서 행복한 여왕벌 농부가 되었다. 아침 햇살에 비친 풀 끝에 맺힌 이슬을 보면 욕심이 없어진다. 몸과 마음이 가벼워진다. 새로운 삶의 기반을 구축하는 목표가 생겼다.

누군가 나이 들어 간절함은 감사함이라고 했다. 어느 순간 정말 내가 원하는 일들이 밀려왔다.

인생을 즐기면서 정리하는 인생의 삼모작이 시작되었다. 대한민국 책 쓰기 최고의 멘토 '한국책쓰기강사양성협회'의 김태광 대표 이사를 만나 작가가 되었다. 김태광 대표는 한 살이라도 젊을 때 책을 쓸 수 있도록 나에게 자신감을 주었다. 나만의 색으로 채색하며 나무 같은 삶을 살 수 있도록 최고의 공부법, 책 쓰기를 가르쳐준 김태광 대표 코치님께 고마움을 전한다.

늦은 시간까지 글을 쓰면서도 피곤한 줄 모르고 행복해지는 이유는 내가 좋아하는 것을 할 수 있다는 것에 대한 감사다. 그리고 그 누구보다도 늘 곁에서 묵묵히 지켜보고 응원해주는 사랑하는 가족들이 있어 행복하다. 이 책을 읽는 사람들도 행복했으면 좋겠다.

이미순

1장 귀농 준비는 어떻게 해야 될까?

2장 귀농은 이상이 아니라 현실이다

1장

귀농 준비는
어떻게 해야 될까?

농업기술부터 먼저
배우고 난 후 귀농하라

자연으로 돌아가고 싶은 인간의 본능에 의해 은퇴를 앞둔 도시인들은 새로운 인생 2막을 준비하는 방법으로 귀농을 준비한다. 하지만 먼저 배고픔을 해결하기 위해 빵을 살 것인지, 빵을 만드는 기술을 배울 것인지 생각해야 한다. 농업에는 정책이 있고, 이를 지원하는 기술이 있다. 준비 없이 귀농을 하게 되면 농업 활동을 하는 과정에서 농지 조성이나 작물 재배 등에 대한 전문지식이 부족해 여러 가지 어려움을 겪게 된다.

어떤 기술을 습득할 때, 가장 좋은 방법은 직접 해보는 것이다. 귀농하기로 결심한 후, 무엇부터 준비해야 되는지 일단 교육부터 받기로 했다. 앞으로는 먹거리 싸움이 될 것이므로 미리 움직이고자 하는 마음에 일단 귀농에 관한 교육을 받고 싶었다. 귀농 교육을 받기 위해 여기저기 찾아보기 시작했다. 창녕군에서 운영하는 것은 아니고 도리원이라는 음식점에서 귀농학교 제1기를 모집한다는 것을 신문에서 봤다. 2012년에 영농 기초 교육과 현장체험 학습을 통해 안정적인 귀농·귀촌 정착을 위주로 교육받았다. 지역의 입지여건, 작물 선택, 재배 기술 등 귀농 전 사전정보 파악에 많은 도움이 되었다. 특히 귀농인과 멘토와 멘티가 되어 받은 컨설팅은 귀농 정착에 큰 도움이 되었다.

2012년 4월, 남편은 전국 최초로 천주교 부산교구에서 자립적 소농의 삶을 주제로 한 제1기 감물 귀농학교를 개강해 7주간의 교육을 받았다. '내 손으로 평상 만들기 실습'을 하고, 온종일 톱질, 끌질, 망치질하며, 자급자족을 고민할 수 있는 유익한 시간이었다. 1만 3,388㎡ 규모의 논, 밭, 과수원에서는 순환 농업을 체험했다. 크지 않은 체격에 새까맣게 그을린 피부에 농사짓는 유영일 신부님은 '우리농촌살리기운동본부' 활동을 통해 생명과 환경의 소중함을 알려주었다. 이곳에서의 체험은 도시화·산업화와 소비주의에 지친 내 몸과 마음이 치유되는 힐링 공간이었다. 생태학습관에서 말로 위안을 받는 것이 아닌, 직접 몸으로 느끼고 체험할 수 있었던 귀한 체험이었다.

농업은 과거의 노동력 중심의 단순한 농업 방식에서 어느새 기술과 지식이 어우러진 융복합 산업이 되었다. 새로운 정보통신기술(ICT), 생명공학기술(BT) 등과 연계한 첨단 산업이자 고부가 가치 산업으로 주목받고 있다. 귀산촌, 임업 교육을 함께 받은 후배는 남들보다 일찍 희망퇴직을 하고 합천으로 혼자 귀농했다. 현재 논농사와 양파, 마늘 농사를 짓고 있다. 수확 철이 되면 일할 사람들을 구하지 못해 부산대 농대생들에게 알바를 부탁하기도 하고, 외국인 근로자들을 고용하기도 한다. 농사도 인건비 싸움이다. 후배는 인력난을 해결하기 위해 드론 자격증을 취득했다. 드론은 사람이 농약에 노출되는 것을 최소화할 수 있다. 최첨단의 고효율적인 기술로 낮은 고도에서 목표하는 곳에 비료를 집중적으로 살포할 수 있고 방제, 병해충 감시에도 사용한다. 첨단기술농업은 데이터를 기반으로 하는 농업으로서, 재배하고자 하는 농작물을 매우 정밀하게 제어, 관리할 수 있다. 지금까지의 농업은 사람의 경험, 느낌, 촉각, 온도감각에 의지했지만, 미래 첨단기술력은 각종 센서를 이용해 농작물을 관리한다.

　　정부 지방자치단체는 귀농인들이 농업기술을 습득할 수 있도록 현장실습교육장을 지정했다. 농업기술부터 먼저 배우고 난 후 귀농하는 것이 좋은 방법이다. 아무것도 모르고 농촌에 가서 농사짓는다고 해서 농사가 되는 것은 결코 아니다.

　　임업 후계자는 3일간의 보수교육(20시간)을 받아야 한다. 서둘러 경상국립대학교 임업기술교육정보센터에 도착했다. 2일간 이론 수업을 받고 1일은 경상국립대학교 부속지리산학술림에서 현장실습교육을 받아야 한다. 출석 70%, 시험 30%로 평가 기준 70점 미만일 경우, 수료할 수 없다. 현장실습은 다양한 장비에 대한 적용성 실연으로 전문기능인력에 필요한 기술 훈련이었다. 미니굴삭기와 엔진톱을 사용하기 전에 안전수칙에 대한 이론을 습득한 후 실습을 병행했다. 엔진톱을 다루는 실습은 호기심 반 두려움 반으로 시작되었다. 기계톱 시동 절차부터 긴장이 되었다. 연료탱크와 오일탱크에 혼합휘발유와 체인

오일을 가득 넣고 초크레버를 당기는 것만으로도 어려웠다. 거듭된 시동 절차를 마친 다음, 벌목 실습이 시작되었다.

안전모를 쓰고 시작한 벌목은 나무의 압축력을 받는 부분을 먼저 절단해야 한다. 그리고 인장력을 받고 있는 부분을 절단했다. 그리고 기계톱을 분해, 정비, 조립하는 순으로 기계톱에 대한 실습을 마쳤다. 다음은 미니굴삭기로 시작해서 굴삭기를 실습했다. 처음에는 두려웠던 마음이 시간이 지날수록 점차 기계에 대한 편리함을 느끼며 자신감이 생겼다.

도시를 떠나 농촌 지역으로 귀농해 농지 원부와 농업경영체에 등록되었으니 이제는 농민이다. 농작업의 능률 향상을 위해 농업기술센터 농기계 임대사업소는 농업인들에게 장비를 임대한다.

농기계를 임대할 수 있는 자격요건이 있다. 농업경영체에 등록되어야 하고 군에서 70%를 지원받는다. 굴삭기나 지게차 등 자격증을 취득할 수 있는 농업인만의 특권이다. 농업기계 굴삭기, 지게차에 대한 이론 및 실기 교육을 이수해야 한다. 굴삭기는 3톤 이하 자격증을 부여받았다. 농기계임대사업소에서 약 50% 정도의 임대료만 지불하면 농기계들을 사용할 수 있다. 농장에 작은 물웅덩이를 만들기 위해 굴삭기가 필요했다. 굴삭기 자격증도 있겠다, 농기계 임대사업소에 가서 처음으로 굴삭기를 임대했다. 농지 원부를 확인하고 꼼꼼하게 서류를 작성 후 안전하게 사용할 수 있도록 설명해준다. 농장 일들은 미니굴삭기로 능률이 배가 된다. 시골살이의 배움은 끝이 없다.

'농촌 생활은 반푼수가 되어야 한다'고들 말한다. 이것저것 조금씩 다룰 줄 알아야 결국은 돈도 적게 든다. 농업기술, 농촌 생활, 문화 등의 이론과 함께 다양한 현장경험을 통해 적성에 맞는 분야를 결정해야 한다. 그리고 필요한 기술은 귀농 전에 먼저 습득해두어야 한다. 나 역시 귀농 전에 많은 교육을 받았다고 생각했는데, 직접 농사를 짓다 보니 시행착오가 많았다.

유기농업기능사 자격을 취득해 친환경적인 유기농업으로 농사를 짓고 싶었다. 농사꾼들은 유기농업으로 농사를 짓고 싶다는 내 말에 "유기농업?" 하며 훈수를 두었다. 밭작물에 약을 사용하지 않으면 먹을 작물이 없단다. 제값을 받으려면 반드시 약을 쳐야 한다고 했다. 친환경으로 쪽파 농사짓는 사람이 솔직하게 말한다며 남들은 일곱 번 치는 약을 본인은 세 번만 친다면서, 약을 치지 않으면 농사가 안 된다고 한다. 그래서 판매되는 작물과 자녀들에게 나눠주는 작물을 따로 심고 있었다. 친환경, 무농약, 유기농으로 농사짓는 게 그만큼 어렵다. 그러나 앞으로의 농산물은 친환경 유기농업으로 농사를 지어야 경쟁력이 있다. 건강하고 안전한 먹거리를 위해 도시에서 농업 활동을 통해 농사기술을 습득할 수 있다.

안전하고 건강한 농산물을 공급하고 농부들의 건강을 위해서도 농약 사용을 줄여야 한다. 농약으로 가장 많은 피해를 보고 있는 사람이 바로 농부다. 건강한 토양을 만들어야 건강한 농산물을 생산할 수 있다. 좋은 토양은 미생물이 먹이인 유기물이 많아야 한다. 농사는 풀과의 전쟁이다. 대부분 제초제를 사용하지 않으면 농사를 지을 수 없다고 한다. 우리는 부부가 예초 작업도 함께한다. 제때 예초 작업을 해주면서 거름이 될 수 있도록 해준다. 건강한 토양을 만들기 위해 액비와 퇴비차를 만들고 부엽토와 계분과 톱밥, 미강 등을 발효시켜 건강한 퇴비로 사용하고 있다. 건강한 땅에서 나오는 열매의 맛은 다르다. '뿌린 만큼 거둔다'라는 말처럼 농사는 아주 정직하다.

바쁘고 힘든 평범한 직장인들은 각박한 도시 생활에서 벗어나 마음의 위안을 얻고 싶어 귀농을 선택한다. 하지만 귀농은 삶의 가치관과 형태, 모든 것이 바뀐다는 점에서 철저한 계획과 전략이 필요하다. 실패하지 않는 귀농을 위해서는 농사기술 습득과 직접 체험 등 체계적인 계획을 통한 선행학습이 필수다. 귀농 전 반드시 농업기술부터 먼저 배우기를 권한다.

미국의 철학자 '오리슨 S. 마든(Orison Swett Marden)'의 명언이다.

"마음은 끝없이 무언가를 끌어들이고 있다. 그때그때 마음을 지배하고 있는 사고와 신념이 자석 역할을 하고 있는 것이다."

인생에서 벌어지는 여러 가지 크고 작은 일들은 어떤 사고를 품고 있는가에 달려 있다. 바람직한 것을 끌어당길 수도, 바람직하지 않고 혐오스러운 것을 끌어당길 수도 있다.

귀농하면서 가끔 하늘을 쳐다본다. 도시의 하늘과 똑같은 하늘인데 보는 관점에 따라 마음에 변화가 생긴다. 청명한 하늘에 덩달아 내 마음도 맑아진다. 모든 것은 내가 뿌린 대로 거둘 수 있다.

　한책협 김도사를 만나기 전, 난 그저 글을 쓰고 싶어 머릿속에서 칠판을 만들었다. 쓰고 지우고 다시 쓰면서 언젠가는 글을 쓰는 작가가 되고 싶었다. 이렇게 좋은 자연의 숲에서 화가도, 작가도 되고 싶다는 꿈을 꾸었다. 꿈을 꾸는 순간만큼 행복한 게 없다. 그 상상이 현실로 다가왔다.

　스승인 한책협 김태광 대표님께서는 "성장의식이 되지 않으면 그 어떤 일도 지속될 수 없다"라고 늘 말씀하신다. 노동을 행복으로 연결하기 위해서는 '얼마나 일을 했는가'보다 '어떤 마음을 가지고 있는가'가 중요하다. 손과 머리로 무엇을 창출할지는 마음가짐에 달려 있다. 한책협 김태광 대표님께서 직접 선정해주신 필독서를 읽으면서 끌림의 법칙을 배웠다.

귀농 전에 미리
손익을 계산해보라

귀농인은 농촌 이외의 지역에 거주하는 사람이 농업인이 되기 위해 농촌으로 이주한 사람을 말한다. 도시에서 농촌으로의 이전은 환경뿐만 아니라 개인의 삶을 송두리째 옮겨놓는 것이다. 귀농을 하겠다는 생각에 간혹 땅을 사고 집을 짓고 농기계부터 사는 사람들이 있다. 농촌의 부동산은 수도권의 부동산 거래와는 달라서 쉽게 생각하면 안 된다.

농촌은 부동산에 대한 수요가 많지 않아 도시보다 상대적으로 가격이 낮고 기간이 길다. 투자한 금액보다 많은 손실을 감수해야만 거래가 이루어질 수도 있다.

진영에 사는 지인은 퇴직을 앞두고 마음이 많이 흔들렸다. 귀농에 대한 로망이 있어 얼마 남지 않은 직장 생활을 마무리하기 전에 시골에 들어가서 살고 싶었다. 시간이 날 때마다 땅을 보러 다니는 재미도

쏠쏠했다. 하지만 마음에 드는 땅을 찾기가 쉽지 않았다. 그저 바라만 보는 땅이 있는가 하면, 기초공사비가 만만치 않게 들어가는 땅도 있었다.

들뜬 마음으로 주말마다 발품을 팔기 시작했다. 다니면서 보니 농촌은 누구의 간섭도 없이 조용히 혼자 지낼 시간이 많아 보였다. 지인의 소개로 구입한 농지는 농지전용허가를 받은 대지였다. 정사각형의 반듯한 토지가 눈에 들어왔다. 땅도 마음에 들었지만, 무엇보다 땅값이 저렴해 바로 계약했다. 주말이 되면 가족과 내려와 땅을 가꾸기 시작했다. 집을 짓기 위해 받아놓은 농지전용허가를 취소하고 농지로만 사용했다. 이동식 농막 컨테이너를 준비해놓고 본격적인 농사일을 시작했다.

귀농한 그는 다양한 농업 교육 과정을 통해 농사에 대한 두려움보다는 할 수 있다는 생각이 앞섰다. 작목을 선택할 수 있도록 재배 기술과 선도 농가 현장견학으로 본격적인 시골살이가 시작되었다. 하루가 멀다 하고 올라오는 잡초를 제거하고 작물을 심어야 했다.

작물 선택은 신중해야 한다. 시설 투자가 많이 드는 시설 딸기는 돈이 되지만 자신이 없었다. 그렇다고 복숭아를 선택하자니 전문적인 기술이 필요한 것 같았다. 그래서 선택한 것이 특용작물이다. 중남미 지역에서 건너온 허브의 일종으로 자연이 준 선물이라고 불리는, 설탕보다 20배 단맛을 가지고 있는 특용작물 스테비아를 키우기로 했다. 설탕과 달리 포도당 비율이 낮아 혈당지수가 제로인 천연 조미료로 통한다. 가정에서 화초처럼 베란다에 키우기도 좋고 텃밭에서 실속 있게 키울 수 있는 특용작물이다.

지인은 혼자서 작물을 키우면서 가족의 간섭 없이 자연인으로 살아 갔다. 수확된 작물은 모종으로 장날에 팔아보기도 하고 도매로 넘겨보면서 손익계산을 따져보기 시작했다. 경매보다 직거래가 훨씬 수익이 많았지만, 노동력에 비해 수익률은 크지 않았다. 그는 계속 농사를 지어야 할지 고민이 되었다. 도심의 부동산 가격이 상승하니 당연히 농지도 따라 오를 줄 알았다. 2년 동안 재미있는 농사 경험도 하고 판매도 해봤던 지인은 그 땅을 내놓았다. 그는 귀농하기 전에 구입한 농지의 가격이 많이 오를 줄 알았지만 시골의 땅값은 특별한 메리트가 없으면 항상 그 자리에 머문다. 한꺼번에 두 마리 토끼를 잡으려는 욕심을 부린 것이다.

사람의 생김새가 다르듯, 농부마다 생각이 다르고 농작물과 농법, 그리고 판매 방법도 다 다르다. 본인의 성격과 가치관, 체력, 노동력, 자본력 등을 정확하게 분석해 나에게 맞는 농작물을 선택해야 한다. 어떤 농산물의 생산성이 높은지, 판매 단가가 어디가 더 높은지, 귀농 전에 미리 손익을 계산해봐야 한다. 내가 과연 농촌에 가서 살 수 있을까? 내가 농사지어 돈 벌 수 있을까? 어떤 농작물을 재배해야 돈이 될까? 나에게 적합하고 알맞은 농사(농작물, 농법, 전략, 판매, 루트 등)가 무엇인지를 찾아야 한다.

나는 귀농하기 전에 도시농업전문가 양성 과정 교육을 받았다. 지구

온난화에 따른 기후 변화로 꿀 생산량이 감소해 2029년에는 베트남산 꿀이 무관세로 개방된다고 한다. 도시 양봉 교육생들과 공동 양봉 체험모임을 결성했다. 관공서 옥상을 양봉 장소로 선정하고 공동구매로 벌, 벌통 등 자재들을 구입했다. 양봉 체험 일정별 계획수립 1년의 전 과정을 강사님의 도움으로 시작할 수 있었다. 도시의 환경 때문에 좋은 꿀이 생산될 수 있을까 우려도 되었다.

우리나라에서 양봉은 기록상 2세기 고구려 태조대왕 때 인도에서 중국을 통해 동양종 꿀벌(토종벌)이 들어와 시작되었다고 한다. 벌의 활동 반경은 2km 정도다. 양봉 농가에서는 100군 이상의 벌들을 키우고 있어 한정된 나무나 꽃에서 먹이활동을 하게 된다. 도시가 농촌보다 밀원식물의 양은 적지만, 경쟁하는 벌의 수가 적어 수확량이 좋다. 도시보다 농촌에서 벌들의 먹이 경쟁이 더 치열하다. 도시 양봉은 주로 건물의 옥상에 3군 정도 작은 규모로 시작한다. 도시 양봉은 꿀을 통해 수익도 얻고 벌의 생태계를 활성화하고 있다. 유럽에서 시작된 도시 양봉은 취미 양봉으로 양봉의 경제성보다는 환경보존 캠페인 중 하나로 출발했다고 한다. 양봉은 꿀벌을 이용해 벌꿀, 밀랍, 꽃가루, 로열젤리 등 생산품을 얻기 위해 벌을 사육하는 일이다. 예로부터 벌꿀은 신성한 식품으로 여겨왔다.

꿀벌은 꽃가루를 옮기며 농작물의 결실에 도움을 주는 화분매개곤충이다. 그런데 최근 몇 년 동안 전 세계적으로 꿀벌의 수가 25~40% 감소하고 있다고 한다. 꿀벌이 사라지는 원인은 아직 정확하게 밝혀지지 않았지만, 많은 전문가들은 전자파, 도시화를 가장 유력한 요인으로 보고 있다. 그런데 과거 꿀벌이 사라지는 원인을 제공했던 도시가 최근 들어서는 오히려 꿀벌의 보금자리를 제공하고 있다. 나 역시 도심 관공서 옥상에서 벌꿀을 키우다 귀농해 본격적인 양봉을 시작했다.

기술센터에서 양봉과 생활 건강에 대한 교육으로 양봉산업의 역사를 공부했다. 올해부터 양봉 농가로 등록되어 양봉조합원으로서 회원들과 소통하고 있다. 그런데 최근 들어 벌통에서 꿀벌이 자취를 감추는 일이 전국에서 일어나고 있다. 환경이 좋지 않으니 벌들의 집단 가출로 꿀벌이 사라지고 있는 것이다. 농촌진흥청에 따르면, 이번 꿀벌 실종 현상은 해충의 일종인 꿀벌 응애와 말벌로 인한 폐사, 이상기후 등이 복합적으로 합쳐져 발생한 것으로 분석되었다. 초겨울 고온 현상으로 화분 채집 활동에 나선 벌들이 체력 소진으로 인해 벌통으로 돌아오지 못한 사례도 있었다. 화분매개가 주요 작물 75종 가운데 39종이 꿀벌을 통해 이루어진다는 농업진흥청의 연구 결과가 있었다. 이처럼 꿀벌은 농업과 생태계를 지키는 파수꾼 같은 존재다. 알베르트 아인슈타인(Albert Einstein)이 이야기한 "꿀벌이 사라지면 4년 내 인류는 멸망한다"는 꿀벌의 가치를 가장 함축적으로 표현한 말이다.

현재 귀농 9년 차인 지인은 5년 차에 접어든 시점에 자연송이 버섯 재배와 양봉을 시작했다. 양봉을 하기 전에는 사과를 재배했다. 하지만 사과가 주작물지인 청도에는 이미 사과 농사를 짓는 농가가 많았기 때문에 사과 물량이 넘쳐났다. 물량은 많고 판매되는 가격은 낮아 사과 농사를 접었다. 장기적으로 손해 없이 할 수 있는 것을 찾다가 소자본으로 할 수 있는 양봉을 선택했다. 수익의 폭을 넓히기 위해 수정용 벌을 판매하는 사업도 시작했다. 5년 전, 벌통 5개로 시작해 현재 200통까지 늘렸다. 조금씩 늘려가면 실패를 하더라도 피해를 최소화할 수 있었다. 연 매출액 1억 원 정도 예상수익을 올리고 있다. 양봉 기술은 누구나 쉽게 배울 수 있다.

귀농 전에 미리 손익을 계산해보고 농업기술을 습득 후, 자신이 생겼을 때 농업 경영을 해야 한다. 가족과 함께 귀농해 초기 투자를 최대한 줄이기 위해 실습 기간이 필요하다. 또한 도시의 전문 지식을 활용해야 한다. 경제적인 문제를 해결하기 위해 즐거운 마음으로 품앗이한다. 시골 문화의 건강을 스스로 배우고 개척하고 관리해 농촌 현실을 파악해야 한다. 작물 품질이 좋다면 고부가가치 농산물을 만들 수 있다. 초기 투자로 농지, 농기계 등 기본적인 것으로 최소화한다. 지역별로 주요 작물 재배의 농업기술을 습득하고, 복합영농으로 농업 경영을 해야 한다.

농업 경영 설계의 자본과 생산의 중요성으로 구체적인 경영계획을 세워야 한다. 자료 수집, 분석, 비교, 대안 분석 등 목표를 설정해 사업 계획을 설계해야 한다. 사회계획서는 수익성 높은 생산물이 어떤 것이고, 언제 어디서 판매할 것인지, 생산, 판매를 어떻게 할 것인지, 시장 분석으로 제품의 강점과 약점, 위험 등을 찾아 기회로 만들어야 한다. 또한, 코로나 19, 기후위기 등의 영향으로 건강과 환경에 대한 소비자들의 관심이 높기에 친환경 농산물인증제(GAP제도)도 받아야 한다.

그리고 필요자금관리 예산계획을 세워야 한다. 설비 투자 자금(주택, 농지), 영농자금과 생활자금 정부지원사업으로 농가주택 수리비 지원을 알아보고, 생산계획을 세워서 수량과 시기, 수요와 공급, 생산계획, 판로 예산소득 결과 분석 등을 작성한다. 본인의 기술과 능력에 따라 작목을 선정하고, 노동력 생산 여건과 고정비용을 생각하고, 자료를 수집하고 재배력, 시기별 경지 및 노동력 이용계획서를 작성한다.

또한, 1년간 기록을 원칙으로 파종부터 수확까지 과일 생산 판매에 관한 내용이 빠지지 않도록 농업경영을 기록하는 영농일지를 작성해야 한다. 영농일지에 모아둔 영수증과 구입 명세표를 바탕으로 비용산출 내역서를 작성해야 한다.

귀농은 준비한 만큼 성공한다. 농업은 초기 투자 비용이 많이 들고 환수하기까지 시일이 걸린다. 농업을 평생직업으로 생각하고 있는지 귀농 전에 미리 손익을 꼼꼼히 따져야 한다.

03

도시 생활은
빨리 잊을수록 좋다

거침없이 달리는 자동차도 언젠가는 신호등 앞에서 대기하는 시간을 만나게 된다. 인생살이도 이와 같다. 잠시 멈추고 왔던 길을 뒤돌아보는 시간이 필요하다. 지금이 바로 그 시간이다. 38년을 한 직장에서 근무하고 은퇴의 시간이 다가왔다.

"그동안 '기성복'과 같은 인생을 살았다면 은퇴 후의 생활은 개개인의 취향과 목적에 맞는 '고급 맞춤복'과 같은 인생을 만들어가야 한다"라고 어느 은퇴 설계 전문가가 말했다.

수십 년간 청춘을 바쳐 일해온 너무나 익숙한 직장을 떠나 조금은 낯설지만 '자유'를 가져다줄 인생 이모작을 향해 출발한다. 자유의지에 따라 가장 멋진 '나'만의 맞춤복을 만들어가기 위해 그동안 쌓아온 경험과 지혜를 모아 새롭게 도전한다. 일과 책임에서 벗어나 내가 진짜 원하는 세계를 만들 수 있는 기회다.

인생의 교차로에서 앞으로 나에게 펼쳐질 세상에 대한 준비를 시작한다. 아침에 일어나는 시간과 목적, 일과, 대화 내용, 만나는 사람, 의상 스타일 등 너무나 다른 일상이었다. 수십 년간 열정과 땀을 쏟은 직장과 일에 대한 물리적인 정리가 필요했다. 퇴직은 인생의 여러 문에서 다른 문을 향해 나아가는 과정일 뿐이다.

오늘 도시라는 좁은 문을 나와 농촌이라는 창공으로 들어선다. 책상에 앉아 탁상공론을 했던 시간에서 자유롭게 뻗어 있는 나무들의 수형을 잡기 위해 예술적인 감각을 발휘한다. 깔끔한 정장에 자존심을 지켜주는 키 높은 구두를 벗고, 빨간색의 긴 장화를 신고 전지가위를 들고 본격적으로 드넓은 대지 위에서 꿈을 펼치기 시작한다.

농촌의 일상은 여명이 밝아오면서부터 시작해 땅거미가 질 때까지 이어진다. 봄에 뿌린 씨앗은 여름 내내 영글어서 가을에 수확하는 기쁨이 고스란히 전달된다. 농촌의 가을은 풍성하다. 땅은 거짓말을 하지 않는다. 노력한 대가를 그대로 제공해주기 때문에 귀농해서 성실하게 농사일을 시작한 사람에게 확실한 대가를 보장해준다.

팬데믹 시대이기에 거리 두기 제한으로 모임도 어렵고 삶의 여러 부분이 제한되어 활력이 떨어지고 있다. 그나마 자연을 만끽할 수 있다는 점에서 농촌에는 캠핑장이 속출하고 있다. 회색지대에서 벗어나 자연과 함께하는 환경은 우리에게 안도감을 준다. 농촌은 가까운 이웃이 있고 가족과 함께 수확할 수 있는 곡식과 과일이 있다.

딸아이가 키우는 포메라니안 크림이를 집으로 데리고 왔다. 너무 예쁘고 귀여운데 앙칼지게 짖는 목소리가 아파트 옆 동까지 들린다는 민원이 속출해 키우고 싶어도 키울 수 없단다. 여기서는 아무리 크게 짖고 뛰어도 민원이 들어올 일은 없다. 아침부터 이리 뛰고 저리 뛰어다니다가 거실 유리창에 붙어 짖기 시작한다. 마당에서 닭들과 강아지 퉁실이들이 뛰어다니는 것을 보고 사납게 짖는 것이다. 도심에서 온 크림이는 집 안에서 곱게 자라고 농촌에서 사는 퉁실이는 자연 속에서 뛰어놀면서 자란다. 강아지나 사람이나 물질적인 풍요보다는 정신적인 평화를 누리는 삶이 행복하다.

정년까지 열심히 일해온 사람들은 직장과 사회에서 어느 정도의 인정과 존경을 받는다. 일과 자신을 동일시할 만큼 주어진 일에 최선을 다하며 오로지 회사와 일밖에 모르고 살았다. 몸은 퇴직했으나 마음은 아직도 직장과 일의 울타리에서 벗어나지 못하는 사람도 있다.
퇴직은 인생의 끝이 아니라 새로운 인생을 맞이하는 전환점이다. 새로운 인생을 위해 필요한 정보와 지식을 습득하고 변화를 인식해야 한다. 지금까지 조직의 일원으로 성과 중심의 가치를 평가했다면 이제는 독립된 개인으로서의 삶을 살아야 한다. 이제까지는 연습이었고 인생의 후반부를 위해 권위의식을 버리면 두려움은 사라진다. 행복은 결코 멀리 있지 않다. 일상의 작은 것에서 행복은 다가온다.

어느 날 야근하고 집으로 돌아오는 길에 문득 이런 생각이 들었다. '나는 누구며 무엇을 위해 사는 것일까, 내가 잘할 수 있는 건 뭘까?' 갑자기 나를 묶어놓은 자승자박의 끈을 풀었다. 자유롭게 살고 싶어 귀농을 선택했다. 귀농한다는 말에 동료들은 고개를 흔들며 "서울 사람은 농사 못 짓는다"라고 말했다. 농촌 사람의 몸과 도시 사람의 몸은 다르단다. 하지만 남들이 가지 않는 길을 가는 것도 나에게는 새로운 도전이다. 각박한 도시 생활을 빨리 잊기로 했다.

농부가 되기 위해 유기농업관리사 자격증을 취득하고 도시농업관리사 교육과 친환경농업 의무 교육도 수료했다.

퇴직 후, 부산대학교 귀농사관학교에서 '좌충우돌 귀농 생활'에 대해 2시간 특강을 했다. 그 순간, 내 꿈을 찾았다. 마음속 깊은 곳에서 잠들어 있는 나를 깨웠다. 초등학교 시절, 내 꿈은 선생님이었다. 어느 순간, 그 꿈이 움츠러들었다.

대학 진학 때 일이다. 2년제 교대에 가고 싶다고 했다. 아버지가 편찮으시다는 말을 하지 못하고 그냥 빨리 돈을 벌고 싶다고 말했다. 초등학교 선생님이 되는 것보다 2년 더 다녀서 4년제 나오면 더 밝은 미래가 있다는 담임 선생님의 말에 아무 말도 하지 못했던 기억이 있다. 나는 강사가 되고 싶었다. 그 뒤 귀농 컨설턴트가 되고 싶다는 막연한 생각만 하고 있었는데, 어느 날 기회가 찾아왔다. 1만 권의 책을 읽고 200권을 쓴 한책협 김태광 대표를 통해 '나'답게 살 수 있는 길을 찾았다.

"책을 읽고, 쓰고, 생생하게 상상하세요. 그러면 거짓말처럼 이루어

집니다. 그리고 당신의 이름으로 책 한 권을 쓰세요"라는 말에 눈이 왕방울만 해졌다. 그렇게 나는 내가 정말 하고 싶은 일을 찾게 된 것이다.

유튜브 '김도사TV' 시청은 설렘의 연속이었다. "독서는 자기계발의 시작이지만 책 쓰기는 자기계발의 끝"이라는 김도사의 말에 몸을 일으켰다. 도대체 김도사가 어떤 사람인지 궁금했다. "나를 브랜드화시켜라"는 말에 한책협 김태광 대표를 찾았다. 그렇게 1일 특강을 비롯해 5주 책 쓰기 과정을 수료했다.

목숨 걸고 코칭하는 김태광 대표님의 열정에 작가의 꿈을 이루었다. 기름진 땅에서 자란 나무에 열매가 열리듯 여유로운 마음 밭에 풍요로운 현실이 찾아왔다.

귀농 준비는
어떻게 해야 할까?

기억의 반대는 상상이라는 것을 알고 있는가? 한국벤처농업대학 수업에서 윤종록 가천대 교수는 "기억은 과거를 생각하는 것이고, 망각은 과거에 생각했던 것을 잊어버리는 것이다. 그래서 기억의 반대는 망각이 아닌 상상이다"라고 말했다.

답답한 도심 속의 생활에서 벗어나고 싶은 사람들은 귀농에 대한 로망을 갖고 있다. 한국 사회는 치열한 입시 경쟁이 끝나면 취업 경쟁이 시작된다. 학벌과 직업이 사람의 가치를 결정한다. 더 좋은 학교에 가기 위해, 더 좋은 직업을 얻기 위한 경쟁은 선택이 아닌 필수가 되었다. 어렵게 얻은 직장에 평생 젊음을 바쳤지만, 언제 어떻게 벼랑 끝에 내몰릴지 모르는 불안감에 지쳐 있는 현대인들이다. 나날이 심해지는 경쟁의식으로 끝없이 소진되는 현대인들은 도시적 삶에서 벗어나 공기 좋은 곳에서 자연과 벗하며 소박하게 살기를 바란다.

예전과 달리 농촌에 대한 젊은이들의 인식이 많이 변화되었다. 최근 많은 사람들이 경쟁적이고 소모적인 도시의 삶보다는 농촌에서 생명을 키우고 가꾸는 삶이 더 행복한 삶이라 여긴다. 그들이 생각하는 농촌은 엄마의 품처럼 푸근한 모성애를 가지고 있다. 귀농을 희망하는 사람들은 행복한 인생을 위해 새로운 농촌 생활을 원한다.

귀농은 도시에서 농촌으로 이주해 농작물과 가축을 기르며 농사를 짓는 농업이다. 귀농에 대한 정석은 없다. 다만, 자기만의 해법을 만들어서 그에 맞는 귀농을 선택해야 한다.

그런데 귀농 준비는 어떻게 해야 될까?

첫째, 충분한 기간을 갖고 귀농 교육을 받으면서 정보를 수집해야 한다.

실패하지 않는 귀농을 위해서는 농사기술을 익혀서 직접 체험하고 체계적인 선행학습을 해야 한다. 귀농의 시작과 끝은 공부다. 농촌에서의 삶과 농업기술, 농촌 문화 등에 대한 습득을 해야 한다. 최소한 몇 년간의 준비 기간을 갖고 정착할 곳의 정보와 선택할 작목에 대한 지식을 쌓는 것이 중요하다. 필요한 정보를 수집한 후, 귀농에 자신감과 확신이 생길 때 귀농에 대한 결심을 세워야 한다.

귀농하기 전, 부산대학교 농업과학교육원 귀농사관학교에서 농작물 관리 교육을 받았다. 다양한 직업군을 가진 사람들이 모였다. 농업인으로 가는 길에 대한 농정지원팀장의 첫 강의가 시작되었다. 직장인 중 64.1%가 은퇴하면 귀농을 희망한다고 한다. 우리나라는 귀농하기 좋은 나라다. 귀농을 하려고 한다면, 귀농인 농업창업자금, 주택신축자금, 영농정착 보조금을 지원받을 수 있다. 그런데 정착률은 26.2%다. 귀농해도 유지가 어렵다는 것이다. 귀농하기는 좋은 나라인데 적응하긴 어렵다. 농가 인구는 줄어가고 고령화로 노동력이 부족한 실정이다. 농산물의 생산, 판매만으로 소득을 올리기 어려워 농사 이외의 것으로 소득을 올리고 있다. 농업인 소득은 도시 노동자의 55%로 빈약하다. 농촌에 살려면 농촌을 알아야 한다. 장밋빛 환상만을 꿈꾸기보단 농촌 현실을 파악하고 이에 적응할 준비가 필요하다.

둘째, 단순한 이주가 아닌 가족이 함께 논의하고 준비하는 귀농을 위해 가족의 동의는 반드시 필요하다.

주생활 공간을 옮기는 것은 가족의 삶에 큰 변화를 가져온다. 반드시 배우자와 자녀 등 가족의 동의를 얻어야 한다. 낯선 환경에 적응하고 새로운 일에 전념하려면 가족의 협조가 필요하다. 도시와 농촌 생활은 엄연히 다르다. 주부의 역할과 노동 강도가 도시 생활에 비해 커질 수 있다. 귀농 상담 전문가에 의하면 배우자가 함께해야 귀농 정착률이 높아진다고 한다. 농촌 도시와 비교하면 여러 가지 갈등과 회의에 시달린다. 도시의 편리함을 잊고 농촌의 환경 그대로를 받아들여야 한다. 또한, 부부간의 공감대 형성이 중요하다.

먼저 귀농한 남편은 식생활이 가장 불편했다고 한다. 점심 식사시간이었다. 일하다가 혼자 차려서 먹는다는 게 쉽지 않았다. 배가 고프면 라면으로 때우기도 했고 때를 놓쳐 먹지 못했던 일들이 많았단다. 건강하려고 들어왔다가 오히려 건강을 해치게 되는 경우가 있다. 그래서 귀농은 반드시 가족의 동의를 얻고 가족농이 되어야 한다. 그래야만 정착에 소요되는 기간도 짧아진다.

셋째, 자신의 여건과 적성 기술 수준, 자본 능력을 종합적으로 고려해 적합한 작목을 선택하는 과정이 중요하다.

귀농한 선배들의 이야기를 참조해 소득 작목을 선택해야 한다. 농업 경영의 목적은 소득이다. 농업 경영의 중심이 될 작목 선택이 중요하다. 농사 관련 지식을 얻기 위해 교육을 듣다가 지인의 말에 생각해 두었던 작목을 변경해 딸기 농사로 대박이 났다. 초기 투자비, 운영비, 예상 소득, 수확 기간, 손익분기점, 지역의 기후와 토양의 특성, 지자체 지원정책 등을 꼼꼼히 계획하고 점검해야 한다. 더 나은 삶의 질을 높일 수 있도록 철저한 준비가 필요하다.

넷째, 영농 기술 습득을 통해 영농에 대한 자신감과 의지를 고취시키는 과정은 귀농의 큰 자산이다.

귀농하기 전에 주말농장이나 도시농업을 통해 농사 경험을 하는 것이 좋다. 농사는 힘든 일이다. 전문적인 지식을 얻기까지는 많은 경험과 노력이 필요하다. 시군 농업기술센터를 통해 영농기술을 습득할 수 있다. 요즘은 농사짓는 기술이 기계화되어 관행농법보다 신기술로 많은 수확을 얻을 수 있다.

농업기술센터의 교육은 이론 위주다. 영농기술 실습은 한정되어 있다. 작년에는 반시 작황이 좋지 않아 반시 가격이 높았다. 그래서인지 감 묘목 구하기가 어려웠다. 이웃 어르신은 매년 씨를 발아시켜 접목시켜서 감농사를 잘 짓고 계신다. 그런데 반시 아카데미 교육을 받던 교육생들의 생각은 달랐다. 감 씨는 말리지 않고 바로 심어야 한다고 하는 사람이 있는가 하면, 말려놓은 씨를 심어야 한다는 사람이 있었다. 말려놓은 씨를 심으면 땅속에서 발아가 안 된다고 한다. 그래서 감농사를 잘 짓고 계시는 그 이웃 어르신에게 물었다. 다 들어보시고 한마디 툭 던지신다. "말려놓은 씨를 심어야 땅속에서 불어서 올라온다"라고 말씀하신다. 농사짓는 방법이 같을 수는 없다. 그러니 영농기술 실습을 통해 자신만의 방법을 찾아야 한다.

다섯째, 생활 여건과 선정된 작목에 적합한 입지 조건이나 농업 여건 등을 고려한 정착지 선택이 중요하다.

생활 여건과 연관이 있어야 한다. 우리 부부는 인근 도시 김해, 창원, 부산, 울산, 대구에서의 거리 등 정착지 환경을 고려해 청도로 결정했다. 귀농 정착지를 정하고 그 지역에서 재배하는 작물을 선택하는 것이 좋다. 그 지역의 많은 사람들이 경작하는 작물은 그 지역 환경에 잘 맞는 작물이기에 어느 정도 안정적인 수입을 얻을 수 있다.

여섯째, 귀농지가 결정되면 가족이 거처할 주택과 농사지을 땅을 마련해야 한다.

땅을 구입해서 집을 지을 것인지, 기존 농가 주택을 구입해 개량할 것인지, 아니면 전원주택 같은 분양형 주택을 구입할 것인지를 결정해야 한다. 주택이나 농지는 일반 아파트와 달리 규정이 까다롭다. 정부의 주택구입 지원사업도 꼼꼼히 살펴보고 귀농인 선배들의 조언도 필요하다.

우리는 귀농 후 2년이 지나 터 파기 공사를 시작했다. 귀농한 사람들끼리 같은 공법으로 저렴하게 집을 지어 함께 살아가고 싶었다. 하지만 개성이 강한 사람들은 자기의 생각을 굽히지 않았다. 결국 집을 짓는 방식에 생각의 차이가 발생해 각자 원하는 대로 집을 짓고 살고 있다.

일곱째, 농작업이나 자재 준비 시기 등을 놓치지 않도록 꼼꼼히 살피고 준비하는 영농계획을 수립한다.

영농계획은 농산물을 생산해서 수익을 얻는 계획이다. 귀농 생활의 핵심이 되는 계획인 만큼 장기적인 계획을 수립한다. 농장의 경영을 위해서는 자신에 대한 정확한 판단이 중요하다. 자신의 인생 후반, 삶의 지향점을 어디에 맞출지를 정확히 파악해야 한다. 자신의 영농 기술은 어느 수준에 있는지, 현재의 재정 상황은 어떤지, 귀농 지역에 대한 적응력은 어떤지, 꼼꼼히 검토해 분석한 후 단계별로 구체적인 영농계획을 수립해야 한다.

우리가 알고 있는 귀농인은 독립적인 '농업경영체'를 운영하는 직업인으로서의 농민이다. 귀농하면 삶의 가치관과 형태, 모든 것이 바뀐다는 점에서 철저한 계획과 전략을 세우고 접근해야 한다.

05

모르면 묻고
꾸준히 배워라

좋은 토양에서 농사를 짓고 싶은 것은 모든 농부의 바람이다. 그렇다면 좋은 토양의 기준은 무엇일까? 좋은 토양은 지렁이가 많은 토양이다. 지렁이는 석회와 유기물을 좋아하고 습기가 많고 공기가 잘 통하고 따뜻한 곳을 좋아한다. 화학비료나 제초제를 살포하면 지렁이는 기생하지 못한다. 토양은 식물이 자라는 데 뿌리를 뻗게 해 줄기를 지탱해주고 수분과 영양소, 공기 등을 공급해주는 역할을 한다.

겨울에 복숭아밭이 경운기로 갈아놓은 것처럼 뒤집혀 있었다. 멧돼지가 땅속의 지렁이를 잡아먹기 위해 내려와 땅을 다 뒤집어놓은 것이다. 왜 멧돼지가 겨울에 내려와서 먹을 것도 없는 땅을 뒤집어놓았는지 처음에는 몰랐다.

대안학교의 교장 선생님이 유기농 사과를 판매하러 성당에 오셨다.

그러다 멧돼지 이야기가 시작되었다. 산에서 멧돼지가 내려와 땅을 파헤쳐서 지렁이를 먹는다는 것은 그만큼 건강한 땅이라고 하신다. 그때 알았다. 흙 속의 미생물, 나뭇잎, 동물의 배설물을 먹는 분변토가 유익한 비료가 되었다고 해서 유기농 사과 20kg를 구입했다.

귀농 전에 구입한 과수원은 관행농업으로 키우던 곳이다. 귀농학교에서 받은 교육과는 차이가 있었다. 어디서부터 손을 대야 할지 엄두가 나지 않았다. 마을 어르신께서 안타까웠는지 섬세하게 가르쳐주셨다. 우선 복숭아나무에 약을 치기 위해서는 긴 호스와 물통이 필요하니 사가지고 오자고 했다. 어르신 트럭으로 물건을 실어서 내려놓는데 옆에서 농사짓는 또 다른 어르신이 그런 방법으로는 약 치는 것도 힘들다고 했다. 요즘 나오는 스피드 스프레이(SS) 기계를 사용해야 편리하단다. 비용은 들어도 건강하게 농사짓는 방법을 선택했다. 어르신들의 농사짓는 방법들은 다 달랐다. 다들 본인의 방식이 옳다고 고집한다. 농사짓는 데 정답이 없었다. 우리는 기초적인 농사 지식이 없어서 막막했다.

복숭아는 전정이 중요해 잘못하면 다음 해는 복숭아가 열리지 않는다고 한다. 네 명이 전정하는 데 일주일이 걸렸다. 전정하는 동안 전정을 보고 배우려고 했는데 아무리 봐도 알 수 없었다. 농업기술센터에서 운영하는 농업인실용교육에 참석해 궁금한 내용을 묻고 배우기 시작했다. 처음에는 용어 자체도 어색했는데 점점 귀가 열리기 시작했다.

복숭아 농사를 짓는 데 조금씩 자신감이 생겼다. 산에서 짓는 복숭아의 맛과 평지에서 짓는 복숭아의 맛은 다르다. 일교차도 있지만, 봉지의 유무도 차이를 낳는다. 봉지를 씌우면 색깔도 예쁘게 나오고 곤충과 새, 병충해 방지도 된다. 하지만 봉지를 씌우면 일반적으로 당도는 약간 떨어진다. 어떤 과실이든 보기 좋은 떡이 먹기도 좋다는 말처럼 일단 보기 좋아야 한다는 선입견 때문에 맛보다는 모양에 신경을 많이 쓴다. 하지만 보기 좋은 것과 맛이 좋은 것은 엄연히 다르다. 복숭아를 정말 좋아하는 이들은 봉지를 씌우지 않고 자연 그대로 자란 복숭아를 선호한다. 크기도 적당하고 무엇보다 당도가 높아서다.

복숭아 농사 첫해에는 무조건 경매장에 보냈다. 혼자서 따고 포장해서 보내기는 역부족이었기에 복숭아 선별하시는 분들을 고용하기 시작했다. 물량이 많다 보니 비가 와도 복숭아를 따서 보내야 했다. 공판장에서도 첫 거래자와 기존 거래자와는 가격 차이가 있다. 도무지 이해가 되지 않았다. 물량이 많은 쪽과 적은 쪽과도 차이가 있고, 기존 거래자와 신규 거래자의 가격 차이가 두드러지게 나타났다. 생산자와 소비자 사이의 중간 상인들이 챙기는 이익이 눈에 선했다. 차라리 소비자들에게 경매 가격을 주는 것이 낫겠다는 생각이 들었다. 정직하게 농사지은 과일을 헐값에 보낼 수는 없었다.

그다음 해에는 무작정 수확한 복숭아를 차에 싣고 김해로 나섰다. 소비자들과 처음으로 직거래를 하기 위해 나선 길은 맨땅에 헤딩하는 느낌이었고, 도전 정신으로 무장했다. '어떻게 팔아야 하지… 다 못 팔면 어떡하지' 하는 약간의 두려움도 있었지만, 과일은 첫째도 맛, 둘째도 맛이다. 맛으로 승부를 걸어보자 싶었다. 어떻게 맛을 선보여야 하나 하는 생각도 잠시였다. 퇴근할 무렵, 젊은 사람들이 사는 신도시 아파트 단지로 들어갔다. 제일 먼저 경비아저씨가 찾아왔다. 복숭아 농장에서 소비자들에게 직거래하기 위해 왔다고 하면서 맛보시라고 복숭아를 하나 드렸더니 경비아저씨가 각 세대 방송을 해주셨다. 그 방송을 들은 주민들이 하나둘씩 모여들더니 순식간에 복숭아가 다 팔렸다.

처음에는 부끄러운 마음도 들었지만, 사람들이 차 주위를 둘러싸고 순서를 기다리는 모습에 자신감이 생겼다. 명함을 받아들고 택배 주문하는 사람들과 농장에 직접 찾아오시는 분들이 계속 연결되고 있다. 그것을 계기로 판로는 점점 다양해졌다. 마땅한 수단이나 방법이 없을 때 용기 내어 행동에 옮긴 것이 좋은 결과를 낳았다. 도전하길 잘했다는 생각이 들었다.

복숭아 꽃이 피기 시작하면 벌레들이 꼬인다. 복숭아가 익기 시작하면 멧돼지들이 내려온다. 멧돼지들은 나뭇가지에 상처를 내고 복숭아 따서 먹은 후, 그것을 으깨놓고 간다. 멧돼지가 새끼까지 데리고 내려오는 날이면 복숭아 나뭇가지가 부러져 있다. 새끼들 먹으라고 가지를 부러뜨리고 쑥대밭을 만들어놓은 것이다. 농작물에 피해를 주는 것은 멧돼지뿐만이 아니다. 고라니는 채소를 다 먹어 치우고, 두더지들 때문에 두더지 잡는 트랩을 설치하기도 했다.

농촌 생활은 도시의 빠른 계절에 매달리지 않고 자연과 벗 삼아 봄에 씨 뿌리고 가을에 거두는 한적한 삶인 줄 알았다. 바람과 구름과 꽃과 함께 여유롭게 살 줄 알았더니 자연의 공공의 적들이 많아 작물 재배 및 병충해, 잡초 관리로 도시보다 더 빠르게 시간이 지나간다.

전정이 끝나고 접목하기 위해 접수를 준비한다. 1년생 가지를 2월 초순(잎 나기 전)에 채취해 비닐로 밀봉(습이 마르지 않게)해 그늘진 땅속이나 냉장고에 보관해놓았다.

3월 하순에는 눈접을 접목하는데, 작년에는 두 개 성공했지만, 올해는 깍기접, 눈접, 피하접, 배접 등 다양한 방법으로 접목했다. 실패하지 않는 귀농을 위해서는 농사기술 습득과 직접 체험 등 체계적인 계획을 세워야 한다. 꾸준하게 발품을 팔아가며 새로운 교육을 받아야 한다.

남편은 귀농사관학교 복숭아 아카데미에도 지원했다. 복숭아 아카데미에 지원서를 내면 다 입학할 수 있을 줄 알았는데 3:1의 경쟁을 뚫어야 했다. 7개월간의 아카데미 교육은 복숭아 농사짓는 사람들에게는 유익한 시간이다. 귀농인들이 아닌 복숭아 농사짓는 고수들의 모임 같았다. 서로의 정보와 농사짓는 방법을 공유하며 경쟁자가 아닌 동업자로서 도움을 준다.

복숭아 아카데미를 수료하고 영남대학교 복숭아 마이스터대학에 입학했다. 최신 고급기술과 경영능력을 갖추고 이를 전수할 수 있는 전문 농업경영인(농업마이스터) 교육이다. 교육받는 중에 알게 된 젊은 농부들과 교류하며 같이 배우고 익히는 것이 무척 도움이 되었다. 농림축산식품부가 주관한 현장실습 중심의 장기(2년) 교육 과정을 마쳤다. 단순히 농사일에 머물지 않고 더 나아가 6차 산업까지 생각하고 올해부터 나는 강소농 교육을 받고 있다. 귀농의 시작은 공부, 또 공부다. 도시 생활에 익숙한 도시인은 농촌에서의 삶과 농업기술 농촌 문화 등에 대해 모르면 묻고 꾸준해 배워야 한다.

앞서가는 사람은 변화를 보면서 미래를 준비한다. 모르면 묻고 꾸준히 배워라. 농업도 먼저 도전하는 사람이 반은 성공한다. 실패가 겁나 도전하지 못하는 사람들이 많다. 하지만 귀농은 실패를 통해서 배우는 것이다.

06

체험보다 더 나은
준비는 없다

많은 현대인들이 오늘도 다람쥐 쳇바퀴 도는 듯한 삶을 분초를 다투어 살고 있다. 이른 아침, 출근하기 위해 분주하게 움직인다. 출근 시간대의 교통체증으로 보통 20~30분간 정차하게 된다. 줄지어 서 있는 자동차들을 보는데, 1분이라도 먼저 가려고 틈새를 비집고 들어오는 차에 시선이 꽂힌다. 갑자기 자동차가 사람으로 보이기 시작했다. 둔탁하게 들리는 자동차 엔진 소리는 치열한 경쟁 사회의 단면으로 보였다.

직장인들은 하루의 절반가량을 사무실 안에서 보낸다. 바쁜 일과를 마친 후의 회식도 근무의 연장이다. 지친 마음을 이끌고 퇴근해서 또 다음 날을 준비하는 반복되는 일상이다. 어제가 오늘 같고 오늘이 어제 같이 느껴진다. 그런 직장인들의 고민은 은퇴 시기다. 희망퇴직, 명예퇴직, 정년퇴직 등 언제 어떻게 직장을 그만두게 될지 아무도 모른다.

자신의 의지와는 상관없이 은퇴를 결심하기도 한다. 아무리 최선을 다해도 직장은 나의 평생을 책임져주지 않는다. 동료들과의 경쟁, 승진에 대한 강박감이 일 중독의 삶으로 이끈다. 새로운 일자리를 만들고 정년퇴직 없이 축복받은 인생을 살고 싶었다. 그렇게 나는 스트레스받지 않고 건강을 지키고 즐겁게 농사짓는 귀농을 선택했다.

공사에서는 임금피크제에 들어가는 직원들에게 퇴직 이후의 삶을 준비할 수 있도록 전담부서를 설치했다. 다양한 제2인생설계 지원프로그램 중 나는 귀농·귀촌 현장학습 교육을 받았다. 고창군에서 정책 설명을 들었다. 체류형 농업창업지원센터는 도시민 등 귀농 실행 단계에 있는 예비 귀농인을 대상으로 한다. 일정 기간 체류하면서 농촌을 이해하고 농촌 생활에 적응하게 한다. 농업창업 과정 실습 교육, 체험 등을 원스톱으로 지원해 안정적인 정착을 돕는 시설이다.

귀농 희망자들의 최대 관심사는 주거 문제, 안정적 소득 창출이다. 고창군에서는 실패 없는 귀농 정착을 위해 텃밭과 함께 체류할 수 있는 숙소를 운영하고 있다. 쾌적한 시설에서 공동체 생활을 하며 내실 있는 기술 교육을 받는다. 그리고 비닐하우스 안에서 구슬땀을 흘리며 직접 토마토 곁순을 제거하는 체험도 한다. 공동 온실 하우스에는 백향과, 멜론, 방울토마토, 여주, 고구마 등 여러 가지 작물이 있어 기술 교육을 할 수 있었다. 교육과 함께 영농 도구와 퇴비 등을 전부 지원한다고 한다. 귀농에 대한 동기부여를 확실하게 얻었다. 휴가를 내서라도 꼭 체험하고 싶은 곳이었다.

귀농을 하기에 앞서 체험보다 더 나은 준비는 없다. 나는 경상남도에서 주관하는 귀농사관학교 농작물관리 교육을 신청했다. 귀농인들은 더 농사를 잘 짓기 위해 등록하고 예비귀농인들은 전반적인 교육을 듣고 실습을 받고 싶어 등록한다. 부산대학교 밀양캠퍼스에서 주1회 5시간씩 수업을 들어야 했다. 오전에는 근무하고 오후는 휴가를 냈다. 부산대학교 농과대학 교수님들의 강의는 획일적인 이론강의였다. 오히려 함께 강의 듣는 농민들에게 듣는 내용이 현실적이었다. 교육기관이나 단체마다 설립 취지와 특성이 다르므로 강사진과 교과 과정을 보고 결정해야 한다. 귀농 교육을 받는 그 자체만으로도 도움이 되지만, 정부가 지원하는 강좌를 이수하면 창업 농가를 선정할 때 가산점을 부여받는다. 귀농, 영농교육을 100시간 이상 수료해야 한다.

많은 사람들이 교통 정체로 북적이는 도심에서 벗어나 흙을 밟고 새소리, 바람 소리를 들으며 생활하는 여유로운 시골 생활을 꿈꾸며 귀농을 한다. 하지만 시골 생활은 생각만큼 쉽지 않다. 많은 사람들이 시골에 대한 로망으로 도시의 집을 떠나 시골로 들어와 전원주택을 짓고 산다. 여름에는 불편해도 견딜 만하지만 겨울의 전원주택은 몹시 추워 많이 불편하다. 주변에 어울릴 사람도 없고 문화시설도 부족해 1년 정도 살아보고 집을 내놓은 경우가 많다. 귀농, 귀촌인 열 명 중 한

명은 적응에 실패해 농촌을 떠난다고 한다. 준비 기간을 제대로 갖추지 않았기 때문이다. 이런 일을 줄이기 위해서 각 지자체에서 귀농인들에게 농촌을 경험할 수 있는 기회를 제공한다. 농촌에서 농사 실습을 하며 급여도 받을 수 있는 귀농인의 집이나 선도농가 실습지원 사업이 있다.

귀농하기 전, 귀농에 관한 교육을 받다 보니 농사에 대한 자신감이 조금씩 붙기 시작했다. 복숭아 과수원을 매입하고 1년 동안 복숭아 농사를 짓던 사람에게 전반적인 교육을 받기로 했다. 빽빽하게 들어선 과실나무 사이로 하늘이 보이지 않았다.

귀농을 한 후 체계적인 교육이 필요했다. 농업기술센터가 주관한 새해 농업인 실용 교육에 참석해 복숭아 정지·전정 교육을 받았다. 관행적인 농법에서 벗어나 친환경적인 농법에 대해 관심이 많았다. 정직하게 짓는 농사는 절대로 첫술에 배부를 수 없다. 하지만 꾸준하게 열심히 하다 보면 농업소득은 따라오게 되어 있다. 돈만 좇아서는 농촌에서 살기 어렵다.

복숭아 농사는 체험보다 더 나은 준비는 없다. 과일 중에서 복숭아가 손이 가장 많이 가고 농사짓기가 힘들다. 농사짓는 과정이 힘든 만큼 고수익을 내는 복숭아는 귀한 대접을 받는다. 귀농해 농사짓는다고 하면 농사를 모르는 도시인들은 도와주고 싶어 한다. 나 역시 농촌 생활을 잘 모를 때는 돕고 싶은 마음에 일손이면 다 같은 일손인 줄 알았다. 귀농해서 처음으로 복숭아를 수확하는데 직장동료들이 가족과 함께 찾아왔다. 복숭아를 따주고 싶다고 해서 장비를 주면서 복숭아 따는 방법을 가르쳐주었다. 말랑한 백도는 육질이 부드러워서 손의 열기로 물러지면 상품이 될 수 없으니 조심스럽게 다루어야 한다고 말했다.

이른 아침, 전화벨이 길게 울린다. 대구에 사는 지인이 코로나 양성으로 집 안에서 격리 중이라면서 유정란을 택배로 보내달란다. 시기가 시기인지라 면역력 강화를 위해 영양분 가득한 유정란을 찾는다. 지인은 대구에서 미용 사업으로 승승장구했다. 건강관리를 위해 운동도 열심히 했다. 그런데 건강검진 결과, 대장암이라는 판정을 받게 된 것이다. 그럼에도 불구하고 포기하지 않고 친환경 유기농산물로 식단 관리를 하며 힘든 항암치료도 잘 버티고 건강을 회복하고 있다. 산에 산유화가 필 때 어김없이 쑥, 달래, 냉이 등 봄나물을 뜯으러 온다. 땅속에서 삐죽 올라오는 쑥을 뜯어 먹는 닭들을 보면 본인도 건강해지는 것 같다고 말한다.

07

꾸준한 관심만이
실패하지 않는다

2021년은 소득 안정과 농어업의 공익적 가치 증진을 위한 농어민 수당이 처음으로 시행되었다. 농어민이 안심하고 농업 경영에 종사할 수 있는 여건을 만들기 위해 연 60만 원(상반기 30만 원, 하반기 30만 원)씩 지역 화폐로 지급되었다. 이장을 통해 서류를 작성한 후 농협에 일괄적으로 제출하기 위해 모였다. 작년에 직불금을 받지 않으셨던 분은 2020년도 소득금액증명원과 경작사실확인서(이장 확인)와 경영체등록확인서를 발급 후 농협에 제출하면 된다. 오랜만에 한자리에 모여 이런저런 정보를 공유했다.

마을에 들개가 돌아다니면서 고라니를 잡아먹는다고 한다. 고라니는 밭의 작물을 마구 파헤쳐 농가의 피해가 크다. 오죽하면 기껏 고생해서 농사지어 고라니만 배부르게 했다는 말도 한다. 고추 모종 한 판을 심어놓았다가 고라니가 새순을 다 잘라먹었다고 했다. 고라니는 상추, 배추, 콩잎 등 못 먹는 것 없이 먹어 치우는데, 향이 나는 양파, 파, 깻잎 이런 작물은 먹지 않는다고 한다. 밭작물을 심기 위해서는 망을 높게 설치해야 고라니가 뛰어넘지 못해 피해를 줄일 수 있다고 한다. 요즘은 고라니뿐만 아니라 두더지 때문에 농촌에서는 골머리를 앓고 있다. 조만간 두더지 잡는 방법이 나올 거라고 한다.

울산에서 귀농한 부부는 농촌에서 사용하던 물품을 중고 마켓에 내놓기 시작했다. 시골에 살면 꼭 농사를 지어야 한다고 여겼으나 이제는 생각이 달라졌다고 말한다. 귀농 생활의 가장 좋은 점은 하고 싶은 일을 마음 편하게 하는 것임을 깨달았기 때문이다. 경험을 통한 깨달음이었다. 부부는 1,000평의 농지에 비닐하우스도 짓고 고구마, 호박을 심고 열심히 농사를 지었다. 농촌에서는 부지런하지 않으면 농사를 지을 수 없다.

그들은 귀농의 어려운 점으로 관계 형성을 꼽았다. 귀농인들의 수도 늘어나면서 기존 주민들과의 갈등을 겪는 경우도 적지 않았다. 귀농학교 강사에게 들은 "귀농하는 것은 이민을 간다는 생각으로 임해라"라는 말이 떠올랐다. 다른 환경임을 인정하고 주민들과 화합하려는 노력이 중요하다는 것이다.

농사를 짓다 보면 미처 생각지 못했던 현실적인 문제들이 따르기도 한다. 귀농 전, 철저히 준비하고 1,000평 정도의 규모의 땅을 구입하고 시설을 완벽히 갖췄지만, 그렇다고 무조건 농사일이 성공하는 것은 아니다. 농사에 관한 꾸준한 관심과 경험을 쌓은 후 규모를 조금씩 늘려가야 한다.

'백문불여일견(百聞不如一見)'이라고 했다. 실제로 농사를 지어보고 수확의 기쁨을 느껴봐야 한다. 명인은 한 분야에서 뛰어난 사람을 일컫는다. 저마다 농사를 짓는 방식이 있고, 자신의 농업기술을 다른 이들에게 쉽게 알리지 않는다. 오랫동안 자신만의 재배 기술을 갖춘 참외 마이스터인 명인이 말하길 과일에도 유행이 있다고 했다. 요즘 급상승 인기를 타고 있는 샤인머스켓 포도는 껍질째 먹을 수 있고 씨가 없는 게 특징이다. 또한 최근에는 신맛보다는 달달한 맛의 먹기 편한 과일이 인기를 끌고 있다.

여름철이 되면 빠지지 않는 과일인 참외도 유행을 탄다. 예전에는 크고 단맛의 참외를 찾았다. 하지만 지금은 1인 가구 증가로 큰 참외는 혼자서 먹기엔 부담스러워한다. 사람들은 적당한 크기의 건강한 맛을 가진 참외를 더 선호하게 되었다. 참외뿐만 아니라 단순한 조리과정만 거치면 간편하게 먹을 수 있도록 식재료를 가공, 조리, 포장해놓은 식품이나 미니사과, 미니파프리카, 미니당근, 방울양배추 등 기존보다 크기가 작은 신선한 농산물이 인기다. 농사를 지을 때는 이러한 사회의 변화 속도에도 발맞춰나가야 한다.

얼마 전, 홍천으로 귀농한 아저씨에게서 전화가 왔다. 200평 밭을 구입했는데 대추를 심으려고 한단다. 경산 대추가 유명하다는 소리를 들었는데, 어떤 품종인지 가르쳐달라고 한다. 생과로 먹을 수 있는 사과 대추와 건조시켜서 먹을 수 있는 복조 대추가 있다고 알려드렸다.

농사는 농부의 기준에 맞춰 짓는 게 아니다. 소비자의 기준에 맞춰 소비자가 원하는 과일을 생산해내기 위해 지속적인 연구를 해야 한다. 참외 농사는 고도의 기술력이 필요한데, 앞에서 이야기한 명인이 처음 참외 농사를 시작할 당시에는 교육을 받을 만한 기관이 없었다고 한다. 농사 경력이 있는 선배들을 찾아가 물어봐도 자신의 농사 노하우를 쉽게 알려주지 않았다. 꾸준한 관심으로 농사짓는 선배들을 따라다니며 어깨 너머로 조금씩 배웠다. 그렇게 농사일을 직접 경험한 덕분에 본인만의 노하우를 찾게 되었다. 농사에 정답은 없다. 공들인 만큼 결과물이 나온다.

지속해서 온실가스가 배출되고 지구 온도가 높아지면 약 80년 후에는 우리나라 약 50%의 면적이 아열대 기후 지역으로 바뀌게 될 거라고 한다. 최근 들어 봄철에 갑자기 추워진 날씨 탓에 과실나무가 냉해를 입고 긴 장마와 긴 가뭄이 번갈아가며 지속된다. 여름철 폭염에 열매가 타버리기도 한다. 우리나라 평균 기온은 30년 전보다 2~3℃ 이상 높아졌다. 지구온난화로 인한 이상기후로 온대 작물은 점차 강원도 쪽에서 재배되고 있다.

지구온난화의 영향으로 현재 강원도 철원과 양구의 고랭지에 대규모 사과밭이 조성되고 있다고 한다. 10년 후에는 사과 주산지가 강원도로 바뀔 수도 있단다. 고랭지 배추로 유명하던 강원도는 점차 사과, 복숭아, 포도 등 과수원으로 변하게 된다. 이상기온으로 유명아열대 작물(바나나)를 재배단지로 조성해 청도에서 첫 수확했다.

정부의 로드맵을
눈여겨봐야 한다

따뜻한 봄날이 이어지더니 오늘은 진눈깨비가 내리기 시작한다. 노랗게 핀 산수유 꽃 위에 하얀 눈과 비가 내린다. 산골에 사는 사람들만 보고 느낄 수 있는 아름다운 풍경이다. 눈을 보고 뛰어다니는 강아지들처럼 나른했던 몸에 활기가 솟는다. 지금의 여유로움을 상상하지도 못했던 서울 새댁네가 이제는 펑퍼짐한 시골 아낙이 되었다. 대도시의 교통난에 시달리며 출퇴근의 시간을 뒤로하고 남들과 다른 길을 걸으며 숲속의 자연인으로 성장하고 있다.

귀농·귀촌 인구가 늘고 있는 흐름에 맞춰 농림축산식품부에서는 귀농·귀촌인의 안정적인 정착을 지원하기 위한 로드맵을 마련했다. 농업이 밝아지는 귀농·농촌이 젊어지는 새로운 비전으로, 제2차(2022-2026) 귀농·귀촌지원종합계획을 수립해 발표했다. 귀농 5년 차 평균가구 소득율을 2021년의 88%에서 2026년에는 95%로, 귀촌 가구 생활 만족도 역시 2021년의 76.2%에서 2026년에는 85%까지 높이겠다는 것이다. 목표는 체계적인 준비와 정착 지원 강화로 귀농 소득, 귀촌 생활 만족도 향상이다.

이에 따른 5대 추진 전략, 16개 추진 과제를 발표했는데 내용은 다음과 같다.

첫째, 거주지 인근 충실한 사전준비 체계 마련

❶ 도시 내 농협 인프라를 활용한 귀농·귀촌 준비 지원

귀농·귀촌을 희망하는 도시민들이 도시의 농협을 활용해서 사전준비를 충분히 할 수 있도록 지원한다. 전국 특별, 광역 7개 시와 모든 시(78개) 지역의 농협 85곳을 통해서 자산 관리 및 농지 주거 관련 컨설팅, 교육을 제공해 귀농·귀촌인이 더욱 신중하게 따져보고 의사결정할 수 있도록 지원한다.

❷ 농촌 장기체류형 체험, 교육 강화

유사한 관심(지역 품목)을 도시민들이 함께 준비해 농촌 정착까지 서로 이끌어주는 커뮤니티를 지원한다.

❸ 귀농·귀촌 준비 커뮤니티 지원

2021년 시행에 큰 관심을 끌었던 농촌에서 살아보기 사업을 확대하고, 테마별 특화마을을 도입해 밀도 높은 체험 기회를 제공한다.

둘째, 귀촌인의 취업·창업 및 다양한 활동 기회 제공

❶ 농촌 지역 자원을 활용한 취업·창업 지원 확대

농촌 지역 자원을 활용하는 귀촌인의 취업·창업 지원을 확대한
다(지역주도형 청년 일자리 사업). 지역 특화산업, 지역사회 공헌 분야 취
업, 소멸 위기 지역 내 창업 청년들에게 임금, 직무교육 등을 지
원한다.

❷ 지역 내 일자리 정보 제공 확대

- 로컬크리에이터 활성화 지원사업으로 농촌의 자연환경, 문화
  자산 등을 소재로 사업적 가치를 창출하려는 창업가 대상 비즈
  니스 모델 구체화 마케팅 등을 지원한다.

- 청년이 중심이 되어 지역 정착 및 활력 제고 활동을 추진할 수
  있도록 운영비 등을 지원한다.

❸ 재능 나눔, 사회적 경제 등 다양한 활동 기회 제공

귀촌인들이 다양한 지식과 경험을 활용해 지역의 사회 활동에도
적극적으로 참여할 수 있도록 지원한다.

❹ 지역 내 일자리 확대를 위한 지자체 특화 프로그램 지원

귀촌인의 경력을 활용해 농촌 지역 내 사회적 경제서비스(교육 복
지 등)를 공급하는 지원 프로그램 도입, 활동비를 지원한다.

셋째, 귀농인의 영농활동 밀착 지원

❶ 지역 내 생산체계 안착을 위한 정착 계별 밀착 지원

- 농촌 지역 농협(127곳)에 영농 네비게이터(250명)를 운영하고 귀
  농인과 지역 조합원 간 커뮤니티를 구성해 귀농인들의 영농 초

기 정착을 돕는 컨설팅 서비스를 제공한다.

- 판로, 경영, 비품 구입 등 영농 전반에 대한 일대일 컨설팅을 제 공하고, 농협 조합원 가입 시 농협 인프라를 활용한 판로 지원 우대 등 인센티브를 제공한다.

❷ **청년 귀농인의 생활 안정 및 영농기반 마련**

- 청년 귀농인이 안심하고 농업에 종사할 수 있도록 영농 정착지 원금 지원규모를 단계적으로 확대하는 한편, 제도 개선을 통해 창업을 희망하는 청년농이 실제로 필요한 농지를 우선적으로 제공한다. 월 최대 100만 원(3년) 지원 규모 1,800명에서 2022 년에는 2,000명으로 확장한다.

- 청년 신규농이 필요한 농지 확보를 위한 농지 거래공급 활성화 방안을 마련한다.

❸ **귀농인의 영농 외 소득 다각화 지원**

넷째, 농촌다움을 유지하는 거주 환경 조성

❶ **농촌 특성을 반영한 체계적 공간 계획 제도화**

축사, 공장시설을 이전, 재배치 집적화하는 등 농촌 공간 정비를 통해 농촌을 보다 쾌적하고 살기 좋은 공간으로 만들 계획이다. 농촌 공간 정비사업에 토지매입비, 보상비 부지정비비, 건축비, 경관정비비 등을 지원한다.

❷ **중앙정부, 지자체 협약을 통해 농촌 활성화 집중 지원**

주거와 생활 SOC를 갖춘 임대주택 공급을 위한 농산어촌 주거 플랫폼과 청년 농촌보금자리 사업을 확대하고 지역의 빈집을 활용한 귀농인의 집, 조성사업도 단계적으로 늘려나갈 계획이다. 임대주택(30호 내외, 국토교통부)과 생활SOC(농식품부)를 결합한 주거단지(연 5개 소 내외 선정) 농촌 이주 청년 대상, 문화 여가 커뮤니티 시설이 포함된 임대주택단지

❸ 농촌 공간 정비를 통해 매력적인 삶터 조성

다섯째, 귀농·귀촌 플랫폼을 통한 통합정보 제공

❶ 귀농·귀촌 단계별 정보 서비스를 통합 제공하는 플랫폼 구축

귀농·귀촌인에게 각 부처 지자체의 정책 농지 주거 일자리 등 광범위한 정보 서비스를 관계 기관 시스템과 연계해 통합 제공하는 귀농·귀촌 플랫폼을 구축한다. 2022년 1단계 구축 시범서비스 개시, 2023년 2단계를 구축해 본격적으로 운영한다.

❷ 관계 부처 기관 간 협력을 강화해 플랫폼 운영 효율화

귀농·귀촌 플랫폼이 개방되고 유연하게 운영되도록 범정부 운영협의체를 구성해 상시 업그레이드하고, 민간인 참여도 유도하는 등 정보와 서비스제공 기능을 한 단계 높일 계획이다.

근래 들어 지역소멸에 대한 위기감이 늘어나고 있는 상황에서 농촌 지역에 인구를 유입시키기 위해 정부와 각 지자체에서 많은 지원책을 마련하고 있다. 더불어 20대 대통령 선거 이후 농업계가 새로운 농정 구현을 촉구하고 있다. 새 대통령에 바라는 농민들 목소리에 당선인은 튼튼한 농업, 활기찬 농촌, 잘사는 농민을 만들겠다고 했다. 대선 후보 시절, 핵심 농정공약으로 식량 주권 확보와 농업직불제 확충을 강조해

온 만큼 농민들의 바람은 크다. 핵심 농정과제를 든든하게 뒷받침할 수준으로 농업예산을 충분히 확보해달라는 요청에 따라 공익직불제 예산을 5조 원으로 확충한다고 했다.

2022년 정부의 농업정책은 탄소중립 시대로의 전환이다. 탄소중립을 위해 농업 및 농촌 RE100(재생에너지 100%)사업을 추진한다. 재생에너지 발전 시설을 설치하고 공동이용 시설 에너지 효율 향상 리모델링 등을 지원한다.

다음은 2022년에 달라지는 농업 제도다.

첫째, 농지 원부 필지별로 개편 작성된다. 그동안 농지 원부 작성 대상에서 제외된 소규모 농지(1,000㎡ 미만 농지)도 작성 대상에 포함된다.

둘째, 농지 연금 가입 연령이 만 65세에서 만 60세로 조정된다. 농지 연금 가입 연령이 변경되고, 저소득 및 장기 농업인에게는 우대상품 도입, 우대상품은 월지급금 5~10%까지 추가 지급된다.

셋째, 여성 농업인을 대상으로 특수 건강검진이 시행된다. 51~70세 여성 농업인을 대상으로 농작업 질환에 대한 특수 건강검진을 시행한다. 지방자치단체 공모를 통해 우선 9,000명을 선정해 추진할 예정이다.

넷째, 농작물재해보험 보험료율의 산출 단위를 세분화한다. 보험률 산정 단위가 '시군'에서 '읍면'으로 세분화되는데, 이는 재해를 적용하는 수준 차이가 크다는 지적에서 비롯된 것이다.

다섯째, 농지취득자격증명 발급 심사를 강화한다. 농업경영계획서에 영농 경력, 직업, 영농거리 등의 기재사항을 확대하고 증빙서류 제출도 의무화한다. 특히 주말 및 체험영농 목적의 농지 취득 시 1필지 공유 소유자의 최대 인원수를 7인 이하의 범위에서 지자체 조례로 정하도록 한다.

여섯째, 농지은행 관리원을 설치한다. 현재 지방자치단체 중심의 농지 관리의 한계를 보완하기 위해 농어촌공사에서 농지 상시 관리 및 조사 기능을 부여한다.

일곱째, 귀농·귀촌 통합 플랫폼을 구축한다. 예비 귀농·귀촌인이 관련 정보와 설비를 한곳에서 지원받을 수 있는 통합 플랫폼이 마련된다.

여덟째, 지역푸드 플랜의 통합 플랫폼을 운영한다. 지역농산물의 효율적 관리 공급 및 수요자 간 유기적 연계, 먹거리의 체계적 관리, 지역의 식재료 공급관리 등을 위해 통합 플랫폼을 하반기부터 운영할 계획이다.

아홉째, 로컬푸드 직매장의 사회적 경제활동을 강화한다. 로컬푸드 복합문화센터, 대도시형 직매장, 일반직매장 등에서 사회적 경제활동 실적 및 계획이 우수한 단체에 가산점을 부여하는 제도다.

열째, 유기농업 자재비용 지원을 일반 농가까지 확대한다. 유기농업 자재 지원 대상이 친환경 농어업법의 개정으로 일반 농가까지 확대된다. 일반 농사에도 지력을 증진하고 합성농약이나 화학비료 사용을 줄이는 등 친환경농업을 확대한다는 취지에서다.

이들 모두 지금 우리 농업과 농촌 농민들에게 필요한 과제다. 농업은 5,000만 국민의 생명 창고이자 삶터이며 안식처다. 현장 중심의 농업을 지키고 농촌의 새로운 미래를 수립된 계획대로 정부의 로드맵을 눈여겨봐야 한다. 일과 삶의 균형(위라벨)에 맞춘 귀농의 흐름이 지속될 것이다.

귀농은 결심과 준비와
실행이 필요하다

낯선 곳에서의 적응은 누구도 쉽지 않다. 나 역시 많은 시행착오를 겪었다. 서울에서 사진작가로 활동하던 남편은 프리랜서로 웨딩 야외 촬영을 시작했다. 그 후 웨딩홀 사진기사로서 쌓은 기술과 경험을 바탕으로 경남 진주에 있는 예식장을 맡아 운영해왔다. 나는 주말이면 예식장 업무를 도와주기 위해 내려와야 했다. 야외 촬영을 비롯해 본식 전의 스튜디오 연출과 비디오 촬영을 거쳐 본 예식이 시작된다. 그렇게 주말이면 눈코 뜰 새 없이 바빴다. 우리가 주말 부부가 된 연유다.

남편의 빈자리를 메꿔야 했기에 나의 어깨가 무거웠다. 퇴근 후 집에 돌아오면 육아부터 시어머니의 말벗까지, 늘 분주했다. 잡다한 일까지 혼자 모든 것을 처리하다 보니 버겁고 힘들었다. 이런 나를 보고 어떤 이는 전생에 나라를 구해서 주말 부부가 되었다는 말도 했다. 하지만 그 말은 나에게 위로가 되지 않았다. 이 기회에 소도시로 옮기고 싶다는 생각도 들었다. 고향을 떠나 낯선 타향으로 이주하려고 하니 이 역시 쉽지 않았다. 옛날 속담에 '말은 나면 제주로 보내고 사람은 서울로 보내라'라고 했는데, 왜 내려가야만 하는지 여러 가지로 고민하게 되었다. 각자 추구하는 바가 다르겠지만, 나는 '가족은 함께 살아야 한다'라고 결정을 내리게 되었다. 다음 날 인사 고충서를 작성해 제출했다. 그해 경남으로 인사이동되어 연고 없는 경남에서의 새로운 삶이 시작되었다.

발령받고 일주일 안에 주거 문제를 비롯한 모든 것이 일사천리로 진행되었다. 그럴 수 있었던 건 직장 동료 덕분이었다. 직장 동료에게서 또 다른 가족이라는 끈끈한 정을 느낀 것은 소도시에서만 있을 수 있는 매력이다. 창원에는 창원공단으로 인해 외지인들이 많이 거주하고 있어 서울의 외곽도시처럼 느껴졌다. 그래서인지 나에게 창원이라는 도시는 낯선 곳이 아니었다.

언젠가는 남편이 하는 사업을 도와야 했기 때문에 틈틈이 공부해 미용사 자격증을 취득했다. 하루는 동료가 "대도시에서 소도시로 왔으니, 깝깝할 끼다"라며 특별히 갈 데 없으면 아이들을 데리고 자신의 본가로 놀러 오라고 초대했다. "시골 정서는 내 취향 아니야"라고 말했지만, 속마음은 가보고 싶었다. 농촌의 실생활을 겪어보지 않은 터라 조심스럽고 두렵기는 했지만 말이다. 주말에 우리 가족은 초대받은 남지로 갔다. 그런데 내가 생각해온, 농사짓는 시골집 분위기와는 사뭇 달랐다. 평범한 도시에 지어져 있는 넓은 마당을 갖춘 저택이었다.

수박 농사를 짓는다는 비닐하우스 안에서는 잔잔한 음악이 흘러나왔다. 식물 성장에 도움이 되는 음악을 틀어놓는단다. 동료는 수박 농사를 잘 지으려면 수정 작업을 어떻게 하면 되는지 자세하게 설명해주었다. 연 매출액이 1억 원이라고 했다. 군데군데 농사짓는 밭작물도 꼼꼼히 설명해주었다. 서울에서 직장 생활하는 아들 부부도 내려와 함께 농사지을 거란다. 귀농은 은퇴 이후의 소일거리와 노동으로 빚는, 신체적·정신적 건강의 디딤돌이었다.

기회는 왔을 때 잡으라 했던가. 부산 초량동의 건물주가 직접 웨딩홀을 짓고 있다고 현상소 직원이 귀띔해주었다. 우리는 드레스와 미용, 뷔페, 사진과 비디오 부분에 공동 투자하기로 했다. 지하철 입구 앞에 번듯하게 짓고 있어 그대로 믿고 투자했다. 그러나 운영하던 웨딩홀을 건물주가 다른 사람에게 넘겨버려 공동 투자한 사람들만 낙동강 오리알이 되었다. 경제사범이 낀 계획적인 사기였다고 매스컴에 보도되었다.

남편은 사람을 믿을 수 없다는 사실에 충격을 받았다. 그러곤 누구의 간섭도 받지 않고 창녕에서 사는 형님처럼 농사짓고 싶다고 했다. 씨를 뿌린 대로 거둬들이는 땅은 거짓말을 하지 않는다며 귀농을 꿈꾸기 시작한 것이다.

농사의 농자도 모르면서 무작정 귀농하자고 한 남편은 밭농사, 논농사는 꿈도 꿀 수 없는 상태였다. 그래서 선택한 게 산약초 약용식물이었다. 남편은 대학 평생교육원에서 약초 활용법 법제를 비롯한 실용과정을 공부했다. 주말마다 시간만 나면 산을 보러 다니는 게 일이었다. 그렇게 많은 시간을 투자해 고른 것이 지금의 청도다. 남편은 산을 보러 다니면서 많은 것을 배웠단다. 바라만 봐도 좋은 산이 있는가 하면, 토목공사비가 몇 배는 더 드는 싼 게 비지떡인 산도 있다고 했다.

그럼 농사에 좋은 땅은 어떤 것인가? 경사가 완만하고 도로 개설이 가능하며 가성비가 뛰어난 임업용 산지라고 한다. 그렇게 몇 년을 헤매고 다니면서 좋은 땅을 찾아냈다. 임야, 전답 모두 계획관리 지역이었다. 농사지을 땅을 확보했으니 귀농의 첫발을 뗀 셈이다.

귀농하면 삶의 가치관과 형태, 모든 것이 바뀐다는 점에서 철저한 계획과 전략을 세우고 접근해야 된다. 귀농은 단순한 이주가 아니다. 서로 다른 점들을 익혀가는 과정이다. 마을 주민과의 문화적 차이를 해소하고 적극적으로 관계를 맺을 수 있어야 한다. 귀농을 결심한 남편은 귀농학교를 비롯한 선도 농가 교육도 빠짐없이 받았다. 훗날 황토방을 직접 만들겠다고 구들 놓는 것도 배웠다.

청도에는 성당 한 곳과 공소(대천, 동곡, 풍각, 지슬)가 있다. 공소에서는 신부가 상주하지 않기 때문에 공소회장 중심으로 신자들은 공소 예절로 주일을 보낸다. 그리고 한 달에 한 번은 청도 본당 신부님이 오셔서 미사를 집전해주신다. 마을 사람들은 공소 미사에 참례하면서 신자들과 인사를 나누고 친교를 맺는다. 같은 마을에 사시는 교우분이 반갑게 맞아주시며, 집은 살아가면서 짓고 우선 빈집을 얻어 살아보라고 하시면서 집도 구해주셨다.

이제 주거도 해결되었고 농지도 있다. 시작이 반이다. '하면 된다'라는 생각에 매일 집에서 산으로 올라갔다. 땅을 밟고 돌아다니면서 이런저런 생각이 들기 시작했다. '과실나무를 베고 약초를 심을까? 그냥 과수원 할까?' 하루의 일과는 이런 생각들의 연속이었다. 집은 어디에 짓고, 지하수는 어디에다 파고….

감물생태귀농학교 동기들이 찾아왔다. 구입한 땅을 살펴보고, 서로의 생각을 나누고, 다음 날 비닐하우스부터 짓기로 했다. 하우스 자재를 실어오려면 트럭이 필요했다. 성당 교우에게 부탁해 자재 구입부터 이동까지 도움을 받았다. 처음으로 지은 3평짜리 비닐하우스는 길 카페가 되었다. 농촌의 집들은 대부분 일터인 논밭과 떨어져 있다. 점심 먹으러 집에 다녀오는 사람도 있고, 준비해온 점심을 밭에 앉아서 먹기도 한다. 그때 갑자기 소나기라도 내리면 비를 피할 곳이 없다. 그런데 우리 비닐하우스 덕분에 식사 후 커피도 마실 수 있는 쉼터가 마련된 것이다. 자연스럽게 동네 어르신들과 친밀한 관계가 이루어졌다. 일 마치고 내려오면 "오늘 산에서 무슨 일 했노?"라고 묻는 마을 어르신들과 자연스레 소통이 이루어졌다. 이렇게 하루하루 시골살이에 적응되어갔다.

귀농에 꼭 필요한 건 마음가짐이다. 시작이 반이라고 했다. 귀농의 목적이 확실할 경우 실행하면 된다. 귀농을 희망하면서도 귀농하지 못하고 망설이는 사람들의 이유는 간단하다. 용기가 없기 때문이다. 그러나 귀농한 선배로서 이렇게 말하고 싶다. 두려워하지 말아라. 안전한 먹거리로 가족의 건강을 책임져라. 나라의 식량 위기를 극복하는 데 선두주자가 되어라.

귀농한 부부들의 모임에 참여하다 보니 여러 부류의 사람들을 만난다. 지금은 감 농사를 하는, 연 매출액이 직장인보다 훨씬 높은 부부가 있다. 귀농한 이 부부는 아내가 감물을 배우고 싶어 모임에 다녔다고 한다. 그러곤 감 농사짓는 남편에게 감물 거래처를 뚫어주었다고 한다. 저장한 감물을 전국에 택배로 보내는데, 수입이 만만치 않다고 한다. 한국농수산대학교에 입학한 이 부부의 막내아들은 졸업하면 함께 농사지을 거라고 한다.

귀농하려는 사람들의 생각은 누구나 똑같다. '농사는 정말 힘들어, 돈도 안 돼, 비전도 없어'라고 말이다. 하지만 직접 귀농한 사람들의 말은 전혀 다르다. 요즘의 농사 방식은 예전과는 다르다고 한다. 80% 이상 농기계가 농사를 짓는다고 한다. 이제는 농기계를 비롯한 첨단기술로 농사짓는 시대로 변화되고 있다.

투자의 귀재인 짐 로저스(Jim Rogers)는 2014년 2월 14일 서울대 특강에서 이렇게 설파했다.

"농업이 미래다."

"여러분이 은퇴할 시점에는 농업이 가장 유망한 사업이 될 것이다."

"모든 사람이 농업을 등한시하고 도시로 몰려나올 때 역으로 농부가 되는 발상의 전환이 필요하다."

"농업이 향후 가장 유망한 사업이 될 것이다."

"젊은이여, 농대로 가라."

식량 산업이 미래의 유망산업이 될 것이라는 짐 로저스의 말에는 일리가 있다. 농업의 중요성을 다시 한번 생각해볼 때다. 자연 속에서 건강하게 살면서 시간에 얽매이지 않는 자유로운 생활을 하고 싶다면, 이제는 실행할 때다.

— 2장 —

귀농은 이상이 아니라
현실이다

농사는 몸으로 하는 것,
눈으로 보는 것이 아니다

　일에 지쳐 바쁜 일상을 보내다 보면, 자신을 가꾸고 치장하는 일이 어느 순간 사치처럼 여겨진다. 도심에서의 자동차 경적은 나에게 아침의 기상을 알리는 알람이었는데, 농촌에서는 새들의 지저귐 소리에 몸이 자동으로 반응한다. 농작물은 주인의 발소리와 손길을 듣고 느끼며 성장한다. 그만큼 농작물을 돌아보고 만져보고 부지런해야 한다. 요즘 농촌은 빠르게 변화하고 있다. 6차산업, IT농업 등 건강한 먹거리를 생산하려면 깨어 있는 생각과 남다른 눈으로 농업을 해야 한다.

　요즘은 5시 30분이면 훤하게 먼동이 뜨고 6시경이면 해가 떠오른다. 농촌은 예나 지금이나 변함없이 해가 뜨면 일하고, 해가 지면 일을 마치는 사계절의 시간에 순응하며 살아간다. 어떨 때는 바쁘게 농사일을 해야 하지만, 또 어떨 때는 조금은 한가하고 여유롭기도 하다. 농부의 삶은 전적으로 자연의 시간에 맞춰져 있다. 자연의 흐름에 나를 맞춰가는 삶이다.

수령 750년이 넘은 감나무는 상주에 있다. 낙동강 유역의 기름진 토지가 감나무에 영양소를 가득 공급해 상주는 가을마다 풍성한 열매를 맺는다. 상주 지역은 대륙성 기후로 일조량이 풍부하고, 일교차가 크기 때문에 곶감을 만드는 데 최적지다. 잘 말려진 감은 더 달고 맛있다. 평소엔 떫은맛을 내던 탄닌은 건조와 숙성 과정을 거치면서 단맛으로 변한다. 모든 농사가 그렇듯 단지 천혜의 환경을 가지고 있다고 해서 누구나 훌륭한 열매를 맺는 것은 아니다. "생계를 위해 시작한 농사가 인생을 바꿨다"라는 농민 갑부가 말한다.

"농사는 몸으로 하는 것이지, 눈으로 보는 것이 아니다."

그 역시 시작은 만만치 많았다. 저수지 아래 야산에 나무로 가득한 땅이 있어 그곳을 개간했다. 마을 사람들이 소용없을 거라고 했지만, 나무를 뽑고 돌을 캐내며 손발이 부르틀 때까지 일했다. 감에 대해서 배울 수 있는 관련 단체에는 모두 가입하고 공부를 시작했다. 완벽한 감 농사를 지어야 한다는 굳은 마음가짐으로 최선을 다했다. 곶감이 맛있으려면 당연히 감이 맛있어야 한다. 자연 생태와 풀의 역할에 집중하면서 초생 재배를 했다. 감나무에 많이 하지 않은 전정도 했다. 가지가 낮게 굽어지자 새가 둥지를 틀고 해충을 잡아먹기 시작했다. 자연과 공생하자 성과가 더 높아졌다. 최신 농자재를 이용해 상처 입은 나무는 치료하며 시대에 맞는 농업을 이어가고 있다. 예전의 방식 그대로를 따르지 않고 새로운 시도를 선도한 것이 지금의 성공으로 이어졌다.

통계청에 따르면, 도시를 떠나 농촌으로 간 귀농가구 중 72%는 1인 가구인 것으로 나타났다. 작년 귀농인은 귀농 인구의 연령 구성을 보면 40세 미만의 젊은 층이 46%를 차지했다. 농림축산식품부에 따르면, 30대 이하 귀농 가구가 1,362가구로 역대 최대였다고 한다. 코로나 사태 이후 농촌 생활에 관심이 많아진 데다 취업난으로 농업에서 기회를 찾는 사람이 늘었기 때문이라고 한다. 젊은이들이 농촌에서 삶을 모색하기 위해 귀농하는 것이다.

김해에서 비혼으로 노모를 모시고 있는 지인이 찾아왔다. 노모가 돌아가시면 산촌 귀농을 하고 싶다며 농장도 보고 일손도 거들고 배우고 싶다고 했다. 직접 농사를 지어본 경험은 없었다. 하지만 군에서나 직장에서 농촌 일손 돕기에 참여하면서 귀농에 대한 꿈을 가졌다고 한다. 노모의 건강 때문에 농촌에 바로 들어올 수 없어서 미리 준비하고 싶다고 했다.

농촌에서는 도시의 개인주의 생활이 아닌, 문만 열면 이웃과 마주치고 어울려 일하는 공동체 문화를 갖고 있다. 새로운 환경에 적응하는 데는 시간이 필요하다. 오랜 시간 동안 익숙하게 틀에 짜인 직장 생활을 떠나 생소한 귀농 생활은 쉽지 않다. 귀농의 어려운 점에는 여러 가지가 있겠지만 그 가운데서도 주민들에게 다가가는 게 가장 어렵다.

처음은 어색하겠지만, 먼저 다가가 마음의 문을 열어야 한다. 또 하나의 어려움은 농사는 눈으로 보는 것이 아니라 몸으로 하는 것이라는 것이다. 즉 육체노동을 해야 한다. 몸을 적응시키는 일은 하루아침에 되는 것은 아니다. 농부는 해가 뜨고 지는 것에 맞춰 농사일을 해야 한다. 농업 농민들은 자연의 변화에 순응하며 살아갈 수 밖에 없다. 지인은 2년간 틈틈이 혼자서 귀농을 준비했다. 노모가 지병으로 돌아가시자 모든 것을 정리하고 산청으로 귀농했다. 사람의 가치를 경제력으로 판단하는 건조하고 삭막한 도시에서의 욕심을 버리고 자연의 품을 찾았다. 지금은 오미자 농사를 지으면서 잘 지내고 있다. 자연을 벗 삼아 일을 하기에 몸은 힘들어도 마음은 즐겁다고 한다.

귀농의 목표를 집에 두지 마라. 많은 이들이 농사도 짓기 전에 집부터 짓는데, 자신이 꿈꾸는 전원주택과 농촌에 맞는 농가 주택 사이에는 많은 차이가 있다. 2~3년 살아보고 나에게 맞는 가장 현실적이고 이상적인 집을 지어야 한다. 귀농을 결심하고 농촌에 들어오면 모든 것이 낯설고 생소하다. 귀농하기 전에는 의욕적인 생각으로 모든 것이 순조로울 것만 같다. 하지만 은퇴하고 인생 2막을 준비하기 위해 농촌에 들어온다면 이미 늦은 나이다. 평생 익숙했던 것들과 이별해 문화가 다른 새로운 사람들과 관계를 맺어가는 상황들이 쉽지만은 않다.

나 역시 처음 귀농해 좌충우돌하며 정신없이 보냈다. 귀농 교육을 받으면서 들은 "집은 절대로 짓지 마래이" 하던 말들이 생각났다. 그러나 당장 필요한 것은 주거였다. 아랫마을에 촌집을 얻어 생활하는

데 재래식 화장실부터 여러 가지가 불편했다. 집에서 잠만 자고 일찍 과수원으로 올라와 사람들과 일과를 보냈다. 우선 창고부터 짓기로 했다. 그 후에 집을 짓기 위해 설계를 뽑고 그다음 해에 집을 짓기로 결정했다. 이웃 마을에 먼저 귀농한 사람이 함께 집을 짓자고 한다. 본인은 집을 지어 살다가 팔았다고 했다. 그 돈으로 농사지을 땅을 넓게 마련해놓고 임시거처로 옮겨 생활했다.

귀농 정착 초기에는 단기간에 안정적인 소득을 올리기가 쉽지 않다. 일정 기간 농사 이외의 직업을 갖는 것이 좋다. 직접 집을 지어 판매까지 하는 방법으로 초기 투자 자금을 회수했다. 농업을 기반으로 소박한 생활을 하면서 본인의 재능과 적성에 맞는 직업에 종사할 수 있다면 두 마리 토끼를 잡는 격이다.

귀농 8년 차로 이웃 마을에 사는 그는 귀농 전 회사의 기계 수리와 정비에 관한 일을 하다가 연로하신 부모님을 돕고자 고향인 청도로 귀농했다. 주작목은 산나물, 곰취, 어수리, 참취나물, 명이나물로 이것들을 직접 판매해서 연간 4,000~5,000만 원 정도의 수입을 얻고 있다. 초창기에는 투자금을 보충하기 위해 자동차보험을 부업으로 시작했다. 그리고 나물들을 인터넷 판매를 통해 연간 고수익을 올렸다. 하지만 배송과정에서 파손이 일어나 다시 포장해서 보내야 했다. 또 하루 만에 도착해야 하는 배송이 간혹 지연되어 모든 비용을 부담하기도 했다. 시간과 비용적인 손해가 커서 현재는 인터넷 판매는 하지 않는다. 지금은 직거래 판매를 중점적으로 하고 있다. 바로마켓과 월요

장터, 그리고 번개장터 등으로 직거래하고 있다.

　그는 귀농해서 여러 가지 교육을 받고 본인만의 농사를 짓고 싶었다. 그러나 기존에 농사지으셨던 마을 어르신들과 부모님과의 의견이 대립되었다. 귀농 교육을 받은 대로 농사짓고 싶었으나 부모님들의 간섭과 마을 사람들의 조언들이 스트레스로 다가왔다. 귀농해 본인의 농법으로 자유로운 귀농 생활을 하고 싶었던 그에겐 잔소리로 들렸다. 귀농에는 정석은 없다. 각자 저마다의 해법을 만들어야 한다. 조금 손해를 보더라도 먼저 낮추고 들어가는 배려의 자세가 필요하다. 농촌을 알아야 농촌에 살 수 있다. 현재는 서로가 편하게 원하는 대로 웰빙트랜드에 맞는 작물을 재배하며 귀농 생활을 하고 있다.

전원일기 같은
시골은 없다

서울 사람들은 '시골' 하면 어떤 장면이 연상될까? 넓게 펼쳐진 논, 빼곡히 심어 있는 배추, 풀을 뜯고 있는 황소, 경운기를 운전하시는 어르신 등 대부분 이런 모습을 떠올릴 것이다. 시골이란 단어만 들어도 언제나 정겹고 따뜻하다. 시골의 아침 풍경은 고요하고 평화로워 정서적으로 안정이 된다. 시골 사람들의 순박함에 친밀감을 느낀다. 반면, 시골 사람들은 입버릇처럼 서울 사람들이 깍쟁이라는 말을 한다.

서울에서 나서 자란 토박이가 경남으로 내려왔다. 사투리 섞인 말소리가 정겹기도 하고 다른 한편으로는 거부감이 들었다. 그런데 어느새 '가랑비에 옷 젖는 줄 모른다'고 직장 동료들이 사용하는 사투리가 일상으로 스며들어 정겹게 느껴졌다. 주말이면 아이들과 직원 부모님이 농사짓는 시골에 가서 상추를 뜯으면서 시골 정취에 빠졌다. 부글부글

끓여온 된장찌개에다 겉절이 김치에 밥 한 공기 뚝딱 해치운다. 땀 흘리고 먹는 음식이 진수성찬이라며 순박한 농촌 풍경에 흠뻑 물들었다. 맛있는 밥 먹은 밥값하고 싶다고 하면 서울 사람들은 할 수 없다며 그냥 보기만 하라고 한다. 지금 생각하면 농사의 농자도 모르는 사람이 거드는 것은 오히려 농사에 방해가 된 것이다.

시골 생활이 점점 눈에 익어갔다. 언제가 될지는 몰라도 시골살이를 하고 싶었다. 농촌에 대한 훈훈한 정서와 아름다운 풍광도 좋고 꾸밈 없는 밥상도 정겹게 다가왔다. 농촌에 대한 애착이 생겼다. 그렇게 귀농을 해서 마을에 집을 얻어 생활하기 시작했다. 이웃에 사시는 분들께서 이것저것 챙겨주시기 시작한다. 따뜻한 농촌 사람들의 인심은 푸근했다.

하지만 보통의 마을 사람들은 귀농인과 귀촌인에 대한 편견이 있다. 귀농인들은 정착할 사람들이고, 귀촌인들은 잠시 머물렀다 갈 사람으로 인식한다. 농사짓는 마을 어르신들은 귀농해 농사짓기 쉽지 않다고 하면서 집을 지으려면 우리 아들이나 사위한테 부탁하면 된다며 청탁하기 시작한다. 조금 안면만 있으면 연결시켜주려고 한다.

창고는 마을 사람한테 부탁해서 짓기로 했다. 업체에서 짓는 것처럼 꼼꼼하지도, 저렴하지도 않았다. 하지만 마을에서 농장으로 오늘 길목마다 이정표 방향 표지판을 세워달라고 부탁했더니 들어주었다. 마을 사람만이 할 수 있는 특권이었다. 농장을 방문하시는 분들이 방향 표지판을 보고 쉽게 찾을 수 있게 되었다.

　귀농하는 사람들이 하나같이 마을 사람들과의 관계를 이야기한다. 어떻게 하면 잘 지낼 수 있는지 하고 종종 묻기도 한다. 어딜 가나 사람 사는 곳은 똑같다. 다만 문화적인 차이가 있을 뿐이다. 단지 처음이라 어색할 뿐이지, 조금 시간이 지나면 별거 아니다. 우리가 신입사원이었을 때의 느낌이다. 처음은 모든 것이 낯설지만 내가 먼저 다가가 마음의 문을 열면 된다.

　처음 귀농한 해 어버이날 마을회관 마당에 잔치가 벌어졌다. 시골 정취가 물씬 풍겼다. 마을 어르신들의 식사는 회관 큰방에 한 상 차려 드린다. 젊은 사람들은 어르신들 뒤치다꺼리에 정신이 없다. 식사를 마치고 난 후에 앞마당에 각설이들이 북 치고 장구 치고 노래를 부르며 흥을 돋운다. 어느새 회관 앞은 장터가 된 듯 어르신들은 흥겨워 마이크를 잡고 애창곡을 부르기 시작한다. 틈틈이 배웠던 장구를 어르신들 앞에서 맛깔스럽게 치며 함께 놀았다. 전혀 어울리지 않을 것 같은 서울 새댁이 각설이보다 더 걸판지게 논다고 마을 사람들의 마음의 빗장이 열렸다.

　마을에서 주민들을 만날 때마다 먼저 인사를 받는다. 산속에서 어떻게 지내는지 안부를 묻기도 하고 딸이 보내준 귀한 보이차가 있다고 먹으러 가자고 한다. 격의 없이 대하는 농촌 사람들과 예의 있게 친절한 도시 사람들과는 문화적 차이가 있다. 농촌에 들어온 외지인들은 물 위에 기름이 뜬 것처럼 이방인이다. 하지만 마을 행사를 통해 나를 드러내놓으면 있는 그대로 받아주는 관계가 형성된다.

요즘 농촌에 세컨드 하우스를 마련해놓고 5도 2촌(5일은 도시에서 2일은 농촌)에서 지내는 사람들이 많다. 전원주택 부근에 중개업자가 왔다 가면 땅값은 시나브로 꿈틀거린다. 어느 날, 하천 옆에 공사가 시작되더니 죽대가 쌓고 주택지가 형성되었다가 갑자기 공사가 중지되었다. 마을에 소문이 돌기 시작한다. 김씨 소유의 땅을 외지인들에게 매각하려고 주택지로 만드는 과정에서 누가 신고를 해 공사가 중단되었다고 한다. 터줏대감한테 누가 신고해서 소송까지 가는지 궁금했다. 집성촌을 이루고 사는 가까운 이웃 사람 박씨가 죽대가 밭에 피해를 주고, 여러 가지 이유로 양보할 수 없어 신고했다고 한다. 땅값이 오르면서 벌어지는 일이다. 지금의 농촌은 예전과 달리 TV에서 보던 〈전원일기〉 같은 시골이 아니었다.

얼마 전에 이장 선거가 있었다. 마을 관례로 마을 어르신들의 입김으로 이장이 선출되었다고 한다. 이장 임기는 보통 2년인데, 한 번 연장할 수 있어 기본이 4년이다. 전 이장은 마을 어르신들한테만 잘하면 계속할 수 있다고 생각했는지 마을 일은 뒷전이었다. 외지에서 들어오는 사람들에게 굴삭기 공사를 맡아 생색 내며 어렵지 않게 수입도 올리고 있다고 한다.

옆 마을에 젊은 부부가 카페를 창업하기 위해 공사하고 있는데 이장이 간섭하기 시작했다. 카페 주인이 무시하자 이장은 직접 민원을 넣고 그 공사를 맡아서 한다. 집성촌만의 특성이었다.

이러한 인식 속에서의 농촌은 발전될 수 없다. 외지인들이 점점 많아지고 현지에는 연로하신 분들만 있다. 이제는 귀농한 젊은 사람의 새로운 혈기가 필요하다. 농촌의 큰 문제는 사람들의 인식이다. 매스컴을 통해 농촌은 언제나 인심 많고 소박하고 불편한 곳으로 표현되지만 농촌도 많이 변해가고 있다. 사회가 각박해서 그런지 사람들의 인심이 점점 줄어든다.

상수도가 들어오기 전, 마을 사람들은 산속에서 자연적으로 솟아나는 샘물을 마셨다. 자연적으로 솟아나는 샘물은 식물의 뿌리나 흙이 물을 정화하면서 각종 미생물이 물에 섞여들어 생명 활성 효소가 살아 있기 때문에 좋은 물이다. 이를 마을 주민들이 힘을 모아 호스로 연결해 각 세대에 들어가게 만들었다. 그러나 가뭄이 들면 물의 양이 적어 마을 사람들은 개별적으로 관정을 파기 시작했다. 몇몇 세대는 '공동 지하수'를 파서 같이 쓰기도 했다.

계곡수·지하수의 생활용수 사용은 주민들에게 많은 불편을 주었다. 그러다가 그동안 마을 주민들의 숙원사업인 깨끗한 운문댐의 물을 상수도로 공급받았다. 그로 인해 농촌의 생활환경은 조금씩 윤택해지기 시작했다. 그러나 기존에 계곡에 설치했던 굵은 호스 등을 철거하면서 마을 주민들의 분쟁이 시작되기도 했다. 계곡에서 나오는 자연수는 다양한 광물질을 포함하고 있어 좋은 물이라는 것을 인식하고 다시 설치하려고 하는 사람도 있었다. 또한, 뼈에 좋다는 고로쇠 수액을 뽑기 위해 나뭇가지에 호스를 달아 집으로 설치하는 이도 있었다.

자연환경을 생각하지 않고 나만 편리하게 사용하면 된다는 사고다. 기존 마을 사람들끼리도 분쟁이 잦아지는 걸 보면 시골의 순수성이 점점 퇴색되어가고 있는 느낌이다.

아름답고 맑은 공기, 깨끗한 물, 꾸밈없는 편안한 시골의 정취가 사라져간다. 마구잡이로 쓰레기를 소각해 환경은 오염되고 시골 마을 사람들의 순수성도 잃어가고 있다. 관행적으로 내려오는 시골의 적폐 역시 문제다. 농촌이 주던 따뜻함으로 기억되는 시골의 풍경들은 갈수록 멀어지고, 어느새 〈전원일기〉 같은 시골이 사라지고 있다. 모든 시골 마을에 일반화시킬 수는 없지만, 시골 마을 어딘가에는 적용되는 이야기다.

농사는 고도의
전문업이다

파릇파릇한 새싹들과 향긋한 흙냄새가 어우러진 상쾌한 아침이다. 강아지들과 과수원을 둘러보며 나무의 상태를 살핀다. 나무는 한겨울보다 이른 봄 늦추위에 더 많은 냉해를 입는다. 운동화는 벗어놓고 양말만 신고 푹신한 땅을 밟으며 걷는다. 시원한 냉기가 온몸을 타고 들어오는 느낌이 좋다. 노지에 심어놓은 양파, 마늘이 추운 겨울을 잘 견뎌내 초록색 싹으로 올라온다. 텃밭은 우리의 건강한 먹거리를 제공해주는 삶의 터전이다. 씨앗은 농부의 손길로 생명을 키워간다. 땀 흘리며 가꾸는 시간은 내 인생의 한 부분이다. 따뜻한 봄이 되면 과수원을 둘러보는 일로 하루 일과가 시작된다.

해마다 봄이 오면 과수원에 석회고토를 뿌려준다. 석회질비료인 석회고토는 산성 토양을 중화시켜 토양 내 중금속을 흡수, 분해하는 기능이 있다. 농업인들에게 토양개량제 명목으로 3년에 한 번씩 무상으로 공급된다. 오늘부터 SS기에 가득 실어서 운전하고 뒤에서 삽으로 퍼서 뿌리는 농사의 워밍업이 시작된다. 아무래도 긴 겨울 동안 푹 쉬었으니 일이 손에 잡히려면 시간이 좀 필요하다. 잘 발효된 퇴비는 땅의 보약이고 미생물의 집이며 밥이다. 퇴비차는 일반 차처럼 물에 우려서 그 물을 작물의 잎에 뿌린다. 유기농법으로 병충해 예방 효과는 물론, 토양 내 유효 미생물 증진 효과를 동시에 거둘 수 있어 유익한 농법이다.

유기농 재배는 화학비료를 사용하지 않고 땅심을 길러 농산물을 생산한다. 복숭아의 유기농 재배는 다른 과수에 비해 힘들다. 귀농해 처음에는 관행농법으로 농사를 짓다가 건강하고 안전한 먹거리를 위한 친환경농산물을 생산하기 위해 어떤 과정이 필요한지 공부하기 시작했다.

유기농업기능사 자격증을 취득하면서 친환경농업 의무 교육을 수료했다. 친환경농업은 단순히 자연농업이나 유기농업을 지칭하는 것이 아니다. 화학물질인 비료나 농약사용을 최소화하는 것이다. 또 병해충종합관리(IPM), 작물양분종합관리(INM), 천적과 생물학적 기술을 통합적으로 이용한다. 흙이 생명력을 배양하는 동시에 농업환경을 보전해야 한다.

친환경유기농업 재배는 이론적으로 해결되는 게 아니라 경험이 축적되어야 가능하다는 것을 알았다. 복숭아 재배에 초생농법으로 병해충 방제를 위해 퇴비차를 만들어 사용했다. 토양에 유기물을 공급하기 위해 헤어리비치, 세잎클로버와 들묵새를 뿌려 잡초 발생을 억제해 풀 베는 노동력도 줄일 수 있어 녹비 작물들을 심었다.

5톤짜리 물탱크 두 대를 구입해 빗물을 받아 저장하고, 그 빗물을 이용해 사용하고 있다. 하지만 유기농 복숭아는 여름철 고온 다습한 기후와 재배 기간이 길어 병충해로 인해 과일의 품질을 유지하기 쉽지 않다. 그러나 소비자들은 농산물을 구입할 때 크고 색깔 좋은 농산물을 선호하므로, 농민들도 화학 비료와 농약을 많이 사용해 영양가치보다 외관이 좋은 농산물을 생산하려고 한다. 친환경농산물은 과일 껍질에 병해충 피해가 있는 것이 정상이다. 소비자들의 모순된 인식을 버려야 안전한 농산물로 우리의 건강을 지킬 수 있다. 자연 풍파를 맞고 자란 유기농 과일은 껍질째 먹어야 맛을 느낄 수 있다.

농업 소득이라는 것은 열심히 하다 보면 따라오는 것이다. 농민의 역할은 좋은 농산물을 생산하는 것이다. 농사를 지으면서 판로 확보까지 하는 농민은 극소수에 불가하다. 농촌으로 들어오기 전에는 고수익의 우수농가나 선도 농가에서 체험을 하며 농사에 대한 자신감을 얻는다. 고소득 우수농가의 연 매출액에 귀농인들의 마음이 들뜬다. 농업은 돈이 되지 않는다고 했는데, 선도 농가에서의 실습은 귀농의 장밋빛 환상을 꿈꾸게 한다. 귀농인들은 뿌린 만큼 거둘 수 있다는 생각으로 최선을 다해 농사를 짓기 시작한다. 하지만 무리한 농사는 건강에 이상이 생기게 된다. 농사로 잔뼈가 굵은 사람들에게 농사가 익숙하듯 연륜이 쌓여야 한다.

몇 년 전부터 비싼 가격으로 팔리고 있는 샤인머스켓 재배 농가가 빠르게 늘어나고 있다. 버섯을 재배하고 있는 젊은 후배는 장모님의 권유로 포도밭을 조성하고 있다. 과잉생산으로 인해 가격이 폭락하지 않을까 우려도 하지만 저장 기술이 좋아지면서 저장 기간도 늘어나 하우스에서 난방까지 하면서 재배하고 있다. 수확 시기도 빨라지고 1년 내내 샤인머스켓을 먹을 수 있어서 그런지 아직까지는 비싼 가격으로 유지되고 있다. 자재가격 인상으로 초기 비용도 만만치 않다. 경상북도에서는 샤인머스켓을 수출 전략 품목으로 잡고 있다. 재배 농가를 위한 다양한 지원도 한다고 해서 농가에 샤인머스켓 열풍이 불고 있다.

그동안 직장을 은퇴한 중년층의 전유물로 여겨졌던 귀농이 이제는 새로운 도전이라는 측면에서 청년들의 희망으로 부상하고 있다. 도시민들이 귀농을 결정한 이유도 좋은 자연환경과 농업의 비전과 발전 가능성이다. 귀농·귀촌 박람회에서 스마트팜 등 첨단 농업기술과 6차 산업 분야들을 살펴보며 취업을 준비하고 있는 젊은이가 청년 농부로 귀농하고 싶다고 했다. 농업이 사양산업이 아닌 고부가가치를 창출할 수 있는 미래산업이고 성장산업이라는 것을 박람회를 통해 알게 되었다고 말하며, 농촌에서 새로운 가능성을 찾았다고 한다.

농업은 미래의 핵심 유망 산업에 속한다. 농업의 4차산업혁명 기술을 접목시킨 유통과 생산의 효율성을 높이고 품질을 향상시켜 고부가가치가 창출된다. 미래의 농업은 아무나 할 수 없는 고도의 전문업이다.

대구에서 자동차 정비를 10년 넘게 하던 친구가 미련 없이 귀농을 결심했다. 주변의 반대에도 3년간 귀농을 차근차근 준비했다. 2년 넘게 처가의 밭농사를 도우면서 일을 배웠다. 경북농민사관학교에서 운영하는 최고농업경영자 교육과정을 통해 부족했던 이론을 배웠다. 교육과정을 통해 전국의 다양한 농장을 견학하면서 자신에 맞는 작물과 농사법을 익혔다. 사계절 내내 해풍이 불고 일조량이 좋은 영덕은 열대과일인 멜론을 재배하기에 최적의 조건이라고 생각했다. 기후 조건이 멜론 재배에 맞지 않을 것이라는 우려에도 불구하고 농사를 시작했다. 그는 멜론 재배 성공에 확신이 있었기에 과감하게 도전했다. 그해 멜론 농사는 대박이었다.

농산물은 다른 제품에 비해 생산 기간이 길고 변수도 많다. 그렇기에 농산물의 생산 과정부터 소비자에게 다가가야 한다고 생각했다. 그는 다음 해부터 이웃들에게 재배 기술을 전수하기 시작했다. 유통 판매를 위해서 뜻이 맞는 전문 인력과의 협업이 효과적이라 생각했다. 농업회사 법인을 설립해 기존의 복잡한 중간 유통 과정을 축소하게 되면서 열심히 키워낸 농산물을 제값을 받을 수 있게 되었다.

지금 농업은 융복합적 산업으로 이어지는 과정이다. 소비자뿐만 아니라 귀농을 준비하는 청년 농부까지 그 시너지가 이어질 수 있도록 해야 한다.

어느 날, 갑자기 쏟아지는 폭우로 인해 지반이 물러져 농기계가 빠졌다. 나올 것 같으면서도 안 나오고 헛바퀴만 돌았다. 견인 렉카차가 도착했지만, 뺄 수가 없다고 한다. 렉카는 이륜차라 자칫하면 빠져서

못 나올 것 같다며 갔다. 큰 트랙터로 농사짓는 젊은 이장에게 도움을 청했다. 트랙터를 타고 산 위로 엉금엉금 올라오더니 가볍게 농기계를 견인시켜놓았다. 농촌에서는 누구의 손을 거치지 않고 나만의 스타일로 작업해야 한다. 그래서 농부는 만능 직업인이다. 농업경영, 마케팅, 회계, 디자인, 작가, 강사, 크리에이터 등 많은 직업을 포용한다. 농사는 고도의 전문업이다. 정석은 없다. 저마다의 해법을 만든다는 의지로 철저히 자신만의 철학과 강점, 취미를 파악하고 그에 맞는 귀농을 선택해야 한다.

04

귀농은 이상이 아니라
현실이다

건물은 높아졌지만, 인격은 더 작아졌다. 고속도로는 넓어졌지만, 시야는 더 좁아졌다. 소비는 많아졌지만, 더 가난해지고, 더 많는 물건을 사지만 기쁨은 줄어들었다. 집은 커졌지만, 가족은 더 적어졌다. 더 편리해졌지만, 시간은 더 없다. 전문가들은 늘어났지만, 문제는 더 많아졌고, 약은 많아졌지만, 건강은 더 나빠졌다. 인생을 사는 시간은 늘어났지만, 시간 속에 삶의 의미를 넣는 법은 상실했다.

– 제프 딕슨(Geoff Dixon), '우리 시대의 역설'

우리는 역설의 시대를 사는 역설적 인간이 되었다. 농사를 주업으로 하는 귀농이든, 예쁜 전원주택을 짓고 사는 귀촌이든 땅과 집에 대한 집착에서 벗어나야 한다. 일단, 빌려서 지어보고 살아봐야 한다. 주거를 옮기는 것은 주위 사람들과의 관계, 자녀 교육, 문화 생활에 이르기까지 여러 가지의 변화가 생길 수 있다. 귀농 결심을 했더라도 일정 기간 농촌 체험을 해보고 결정해도 늦지 않다. 귀농하기 전에 교육을 통해 고소득의 우수농가 견학으로 어렵지 않게 성공사례를 듣게 된다. 하지만 막상 귀농해서 농사를 짓다 보면 이상과 현실이 다르다는 것을 알게 된다. 농촌에 살려면 농촌을 알아야 한다. 핑크빛 환상만을 꿈꾸기보다 농촌이라는 공간을 현실적으로 이해하고 그에 적응하려는 마음가짐을 갖는 것이 필요하다.

귀농해 구입한 농지에 집터를 닦기 위해 측량했다. 측량한 농지 안에 단감나무 한 그루와 대추나무가 심겨 있었다. 감나무 주인은 감나무가격으로 70만 원을 요구했다. 대추나무 주인도 200만 원을 요구했다. 어차피 집을 짓기 위해 베어버릴 나무인데 뽑아가라고 했다. 여태껏 남의 땅인데도 도지세를 주지 않았으니 그냥 협의하자고 해도 기존 주민들은 조금도 양보하지 않는다.

귀농인들을 봉으로 아는지 텃세를 부렸다. 하지만 귀농인들은 귀촌인과 다르게 마을 주민들과의 관계가 돈독해야 한다. 집을 짓기 위해 자재를 실은 차들은 마을을 지나야 한다. 하루는 할머니가 올라왔다. 공사 차가 대문을 건드려 찌그러뜨렸다고 물어달란다. 개인 도로를 포장하는 데도 간섭하기 시작한다. 비가 내리면 물 아래로 흐르지 않게 높이라고 한다. 차가 올라오는 길을 높이라며 공사하는 분들에게 지시한다.

귀농 교육을 받으면서 기존 마을 사람들과 잘 사귀어놓아야 편하다고 했던 말들이 떠올라 좋은 게 좋다고 넘어가다 보니 귀농인들을 봉으로 생각하는 사람들도 있었다. 도심과 다르게 농촌은 생활이 반경이 좁아 소문이 빠르게 퍼진다.

처음 귀농을 하게 되면, 마을 어르신들의 휴식처인 회관에서 신고식을 해야 한다. 맛난 음식도 대접하고 말벗도 되어주고 인사도 잘해야 한다. 지역 주민과 서로 어울려 갈등 없이 지내려면 부모를 섬기는 자세로 어르신들께 내가 먼저 인사해야 한다. 도시 문화와 농촌 문화의 다름을 인정하고 내가 먼저 양보하고 봉사하는 마음으로 마음의 문을 열어야 한다.

집성촌으로 결성된 마을에서는 외지인은 마을 사람이 될 수 없다. 마을의 이장도 작은 권력인지 끼리끼리 한다. 이번에 우리 마을의 이장이 바뀌었다. 관례로 내려오는 나눠 먹기 식에서 이번에는 나이 드신 분이 자신이 하겠다고 직접 손을 드셨다. 기존의 이장 행정 업무가 엉망인데도 마을 사람 그 누구도 말하지 못했다. 보다 못한 마을 주민 어르신이 이장을 하겠다고 한다. 마을을 위한다면 활동력 있고 패기 넘치는 젊은 귀농인 중에 이장을 추천해도 좋으련만, 귀농인들은 배척시킨다. 이장도 권력이라고 한번 쥐면 놓지 않으려고 하는 마을 사람들이다.

마을로 이주해 마을공동체를 꾸려 살아보려고 하는 귀농인들에게 마을 주민들의 작은 권력이라도 빼앗길까 봐 두려워하는 마음이 느껴졌다. 마을 이장은 마을의 봉사자임을 깨닫지 못하고 수당에 초점을 두고 있다. 그럼에도 불구하고 귀농인들은 사회적 이민이라 불리는 농촌의 문화 차이를 이해하려고 노력할 수밖에 없다.

복숭아는 꽃봉오리부터 열매솎음까지 모두 수작업으로 이루어진다. 4월부터 복숭아 농가는 하루가 부족할 정도로 바쁘다. 부족한 일손을 찾기 위해 마을의 고령 농작업자 도움을 받기도 한다. 옆 농가에서 복숭아 솎음작업을 하다가 사다리에서 넘어져서 크게 다쳤다. 복숭아 농사는 근골격계에 무리가 가는 농작업이 많다. 수확할 때 서서 위를 쳐다보면서 작업을 한다. 부자연스러운 작업 자세와 반복되는 동작과 수확물 운반 시 과도한 힘을 주게 되어 근골격계 질환이 발생한다. 농장에서 많은 시간을 보내는 농업인들이 농작업에 집중하다 보면 안전관리에 소홀할 수 있다. 여름에 복숭아를 팔아서 겨울에는 병원 간다는 말을 한다. 대부분 농민들은 농한기 때 어깨, 무릎 치료를 위해 입원한다. 농업인들은 농작물 재배 기술 못지않게 중요한 농작업 안전교육으로 건강과 안전도 생각해야 한다.

농촌은 마을마다 작목반이 형성되어 있다. 귀농 6년 차에 접어들면서 남편은 복숭아 작목반장이 되었다. 작목반은 작목반원 간에 영농기술과 정보 교류를 통해 생산성 향상과 부가가치 증진을 목적으로 구성된 단체다. 작목반은 겨울에 동계 전정과 4월 중순에 꽃이 피면 적뢰 작업을 시작으로 열매가 열리면 떼어주는 적과까지의 과정이 쉴

새 없이 빠르게 이루어진다. 수확도 선별도 복숭아가 상하지 않도록 일일이 손으로 작업해야 하고 공판장 출하시간도 맞춰야 한다. 농가에서 바쁘게 농산물을 집하장에 내다 놓으면, 그 농작물을 싣고 공판장으로 운임비를 받고 운반한다.

농가의 바쁜 일손을 조금이나마 덜기 위해 중간업자와 협의해 직접 농가에서 수거하기로 했다. 수확이 끝나면 작목반원 간 정보를 공유하며 서울상회로 직거래하는 방안을 내놓기도 하고 농업에 대한 종합적인 기술을 주고받을 수 있다. 귀농한 사람이 작목반장을 맡도록 한 일은 처음이라고 한다.

더 좋은 품질의 복숭아를 재배하기 위해서는 기존의 재배 방식을 벗어나야 한다고 생각했기에 공부를 했다. 그 과정에서 수료했던 마이스터 과정은 큰 도움이 되었다. 수업 과정 중 마이스터 농장들을 방문한 현장 실습 역시 큰 도움이 되었다. 그것을 토대로 작목반에서 농업 기술도 공유하게 되었다. 농업 교육은 시행착오를 줄일 수 있는 지렛대 역할을 하기에 꼭 필요하다.

귀농은 이상이 아니라 현실이다. 해 뜨기 전부터 밭에 나가 해가 사라진 이후까지 힘들게 일해도 그 수확은 도시의 수고에 비할 바가 못된다. 하루하루를 얼마나 고단하게 살아가는지를 몸으로 느껴야 한다. 농사는 저절로 되는 것이 하나도 없다. 하루는 완전무장하고 예초 작업을 하고 있는데, 직원들이 방문했다. 여자가 무거운 예초기를 메고 풀을 베고 있는 것이 믿어지지 않다는 듯 의아해한다. 땀범벅이 된 모자와 안경을 벗고 나니 그제야 알아본다. 예초기를 내리는 손은 더 이상 과거의 키보드를 두드리던 손이 아니었다. 어제는 직장인, 오늘은 농부의 딸로 변화된 모습을 보고 힘들겠지만, 구릿빛 얼굴이 건강하게 보인다고 한다.

바쁜 현대인들은 가끔 시골의 삶을 그려본다. 언제나 힐링과 휴식, 그리고 느긋함이 있을 것 같다. 하지만 이상과 현실은 같을 수 없다. 일어나고 싶을 때 일어나서, 하고 싶은 일을 능력에 맞춰서 하고, 하루를 즐기다가 잠자리에 드는 그런 농촌은 없다. 도시인들은 농지와 집만 있으면 가능한 게 농사 아니냐고 생각도 한다. 하지만 그렇지 않다. 웬만한 개인사업만큼 투자해야 하는 게 농사다.

성남에 살던 지인은 제천에 농막을 짓고 생활한 지 이제 3년이 조금 지났지만, 귀농한다는 사람이 있으면 도시락 싸 가지고 말리러 가고 싶다고 말한다. 농기계를 다루려 해도 공부해야 하고 연습도 필요하며, 힘도 많이 든다고 한다. 텃밭 농사 역시 자신의 힘만으로 안 된다고 이야기한다. 농사는 내가 열심히 일한 후에, 하늘이 도와주어야 한다. 수확의 양이 적어도 힘들고 많아도 힘들다. 내가 잘하면 될 줄 알았지만 그렇지 않다. 그냥 도시에서 살며 가끔 흙 파는 재미로 다니는 게 맞는 것 같다며, 시골에 돈 투자하지 말라고 손사래 친다.

귀농에 성공한 사람들의 이야기를 매스컴을 통해 만나볼 수 있다.

하지만 귀농에 실패한 사람들은 그보다 더 쉽게 만날 수 있다. 환상만 갖고 농촌을 찾았다가는 실망만 하고 되돌아오게 된다. 귀농 선배들의 경험담에 귀 기울여서 어렵게 내린 결정에 실패하지 않아야 한다. 세상 어디에도 공짜는 없다. 귀농은 이상이 아니라 현실이다.

05

무리한 귀농은
예정된 과정이 반복된다

연못에 몽실몽실 뭉쳐 있는 개구리 알들이 신기하고 예쁘다. 비가 오려고 그랬는지 정겹게 들리던 개구리 울음소리가 시끄럽다. 새벽부터 내리는 비가 그칠 줄 모른다. 이 비가 그치면 농촌의 일손이 바빠지기 시작한다. 홍매화가 꽃망울을 터뜨렸다. 복사꽃이 피면 벌레들이 날아다니기 시작한다. 3톤 굴삭기 건설기계면허를 갱신하라고 군에서 등기가 왔다. 농업인은 생산, 마케팅, 블로그, 유튜버, 장사꾼, 경영인까지 다재다능한 만능이다.

귀농은 반드시 가족의 동의가 필요하다. 백지장도 맞들면 낫다고 아내와 함께 귀농을 했다면 외롭지 않았을 것이다. 너무 쉽게 결정하고, 일단 혼자서 자리 잡기 위한 귀농이었다. 스스로 농사

말고는 대안이 없다고 판단해서 진행한 무리한 귀농이었다. 저렴하게 구입한 농지라고 하지만 농업진흥지역의 땅값을 제외한 계획관리지역 가격으로 환산해보면 저렴한 농지는 아니다. 1만 평이 넘는 큰 땅을 구입해 훗날 시세차익을 노렸지만, 땅값이 전혀 오르지 않았다. 빨리 처분하려고 해도 덩어리가 커서 찾는 사람이 없다.

귀농했다가 되돌아간 지인의 사례다. 식물자원 농학석사로 밀양시청에서 퇴직한 지인은 감 농사를 짓고 있다. 시청에 근무하면서 퇴직 후에 농사를 지으면서 여생을 즐겁게 보내려고 구입한 땅이었다. 그에게서 몇 달 전에 감밭을 팔아야겠다고 연락이 왔다. 농사는 젊었을 때 지어야지, 나이 들어 농사짓는 것은 힘들다고 한다. 처음에는 근무하면서 틈틈이 농사기술을 배워 농사를 짓기 시작했다. 주말이면 직원들과 시골 정취에 흠뻑 빠졌다. 그러다가 퇴직 후 본격적으로 농사를 짓기 시작했다. 농촌으로 들어오기 전에 고수익의 우수 농가나 선도 농가에서 한 체험으로 농사에 대한 자신감도 있었다. 농가의 연 매출액을 듣는 사람들은 다들 놀란다. 그렇게 귀농인들의 마음을 들뜨게 만든다. 농촌에서의 소득은 직장 생활의 소득과 비교가 되지 않는다. 귀농의 핑크빛 환상만 꿈꾸게 했다.

지인은 본격적으로 농사를 짓기 전에는 직장동료 등 사람들이 와서 함께 창고도 만들고 텃밭도 갈면서 퇴직하면 부농이 될 거라 믿었다.

그런데 막상 퇴직하고 혼자 농사짓기가 쉽지 않았다. 직장인 아내와 농사지을 수도 없고 혼자서 하는 일이 더디고 지루하며 힘들었다. 가장 힘든 건 방제였다. 경사도 때문에 농기계를 이용할 수 없었다. 옛날 방식으로 길고 굵은 호스를 나무에 걸어놓고 방제해야 한다. 농사일은 혼자서 할 일이 있고 둘이서 해야 할 일이 있다.

농학석사인 본인의 전공과 달리 농사는 어렵다고 한다. 농사는 이론이 아니라 현실이었다. 감 농사를 잘 짓기 위해 과수기능실기 양성 교육을 받았다. 가을에 감을 수확해 공판장에 내기 시작하면서 연수익 2,000만 원을 올렸다. 하지만 해가 거듭될수록 체력이 따라 주지 않았다. 지금은 귀농인들에게 농업을 기반으로 하는 전문지식을 지역사회에 기여하는 활동을 하고 있다.

도시에서의 경험과 전문성을 살려 귀농해서 농사 반(半), 하고 싶은 일 반(半)인 반농반사(半農半事)를 한다. 누군가는 이를 로망으로 여기고, 또 다른 측면으로 전업 농업으로 향하는 과도기로 보기도 한다. 농촌은 워라밸(일과 삶의 균형)을 실현하기 좋은 새로운 삶의 척도라고 했다.

농촌은 아직도 가부장 제도가 크게 남아 있어 남자보다 여자가 자질구레한 일들을 끊임없이 하고 있다. 어느 날, 아랫마을 형님이 사발이를 타고 떡을 갖고 올라왔다. 사발이에 앉아 있을 때는 몰랐는데 허리가 기역으로 굽었다. 젊었을 때 일을 하도 많이 해서 굽었다고 한다. 그래도 예전에는 농사짓는 재미가 있었다고 한다. 몸은 힘들어도 돈이 되니 일을 했는데 지금은 돈도 안 되고 몸도 힘이 든다고 한다. 무릎 통증이 계속되어 병원을 찾으니 관절을 쓰지 말라고 한다. 일하지 않으면 괜찮아진다고 했다. 그러나 형님은 일하지 않으면 오히려 몸이 쑤신단다. 매일 일하는 것은 몸에 기름칠을 하는 것과 같아서 몸을 안 쓰면 고장이 난다고 한다. 그저 세월이 만든 습관으로 몸을 움직인다. 그래도 이 나이에 한 달에 60만 원씩 받는 직장인이라는 말을 했다. 그녀는 요양보호사로 인근 노인을 하루에 3시간씩 돌보고 있다고 한다. 집안일과 식사 준비 정도라 어렵지 않다고 한다. 농사 수익보다 낮다고 했지만, 할머니가 할머니를 돌보고 있는 셈이다. 농사만 지어서는 생활이 안 되어 다른 경제적 활동도 병행해야 하는 여성 농업인의 실상이다.

남편과 함께 귀농한 어느 여성 농민은 감 가공하는 농원에서 일하면서 남편과 농사를 지었다. 생산한 작물을 감 가공하는 농원에 넘겼지만 제값을 받지 못했다. 직접 가공생산물을 판매한다면 더 많은 수익을 낼 수 있다고 생각해 무리하게 사업을 벌였다. 가공 과정에 익숙해지기까지 시행착오로 많은 시간을 보냈다. 하지만 정성을 쏟아 만든 가공물의 판로가 문제였다. 직거래로 좀 더 많은 수익을 내고 싶었지만 꾸준하지 않았다. 어쩔 수 없이 감 경매장에 보냈지만 예상금액보다 훨씬 밑돌았다.

다른 루트를 통해 서울상회와 직거래로 연결되었다. 가공물을 넘기는 데 많은 물량을 요구한다. 다음 해부터 마을의 감을 구매해서 가공물로 판매하기로 했다. 그러나 가공생산농원에서 서로 경쟁하듯 구매하려는 생산물가격을 올려놓았다. 마을 농업인들은 생산물을 판로 걱정 없이 판매할 수 있다. 귀농인은 2차산업을 통해 많은 수익을 내고 싶은 욕심에 무리하게 사업을 벌였다. 생산물이 오르고 인건비 등을 따져보면 가공농산물의 예상 수익이 빗나갔다. 본인 위주의 사고방식으로 빠르게 성공하고 싶은 욕심이 화를 부른 것이다. 도시에서 살다온 사람들은 자신의 위치를 내려놓지 않는다. 무리한 귀농은 예정된 과정이 반복된다. 환상과 기대감으로 시작부터 무리한 과욕은 농촌을 떠나고 싶게 만든다.

정년퇴직이나 명예퇴직 후 혼자 고향으로 귀농하는 이들이 늘어나고 있다. 이제는 귀농 정책도 가족 단위 지원에서 1인 귀농인으로 확대되어가고 있다. 농촌에는 빈집이 많다. 부모들이 떠난 생가를 팔지 않고 그대로 빈집으로 두고 때가 되면 고향에 들어와 농사를 짓겠다는 생각이다. 도시로 나갔다가 다시 농촌으로 귀농해 살다 다시 유턴해 도시로 올라가는 사례다.

젊은 농부는 농사짓다 서울로 올라가 취직도 하고 결혼도 했다. 이기주의적이고 개인주의적인 도시 생활에 지쳐 따뜻한 어머니 품, 고향으로 내려왔다. 부모님 농사일을 도우며 부지런하게 농사지으면서 주변의 땅들도 매입하고 가족농을 했다. 하지만 마을에서 15분 정도 차를 타고 나가야만 학교가 있었다. 아이들을 통학시켜줘야 하는 불편함을 시간이 지날수록 더 크게 느껴졌다. 부부는 아이들의 장래를 위해 대구에 있는 학교로 보내기로 했다. 아내는 아이들 뒷바라지를 해주기 위해 대구로 가게 되어 집에서는 남편과 노모 단둘이서 농사짓게 되었다. 농촌 생활이 답답해졌던 아내는 도시 생활을 그리워했던 터라 아들과 함께 있으면서 시골로 돌아가고 싶지 않았다. 농사는 가족과 함께 마음 맞춰 일해도 벅찬 일이다. 노모와 둘이 농사짓는 데 능률이 오르지 않았다. 그렇게 어렵다 보니 가끔 농장에 올라와 푸념한다.

도시의 경쟁 사회에서 한발 물러나 인간적인 삶을 살고 싶어 하는 남편을 따라 고향으로 귀농했다. 그동안 살기 바빠 둘만의 시간을 보낼 수 없었지만 조용한 농촌에서 서로 의지하며 살고 싶었다. 여유로운 노후 생활은 부부 사이도 더 돈독하게 해줄 것라 생각했다. 도시에서 살 때보다 생활비가 줄어든 것은 사실이다. 하지만 농촌 생활은 수입이 일정하지 않아 오히려 더 아끼며 살아야 한다. 게다가 아무리 부부라도 온종일 함께 있으면 다투게 된다. 무엇보다 두 사람 모두 동의한 귀농생활인데도 일에 지치고 고부간의 갈등, 아이들 교육문제로 인해 아내는 농촌에서 살고 싶지 않다고 한다.

농사는
혼자 짓는 게 아니다

어제부터 내리던 비는 새벽녘에 더 힘껏 쏟아진다. 동곡 장날이라 가지, 오이, 단호박 등 구입한 모종을 두둑 만들어 심는다. 더덕 씨앗은 산자락에 뿌려 흙을 돋아준다. 추적추적 내리는 빗방울은 흐려진 시야를 또렷하고 선명하게 밝혀준다. 함박꽃이 웃으며 반갑게 맞아준다. 시원한 빗줄기는 잡초 뽑는 손과 마음을 흠뻑 적신다.

예로부터 '농자천하지대본(農者天下之大本)'이라 했다. 절기에 따라 논밭을 갈고 씨를 뿌리고 김을 매고 가꾸는 농부의 정성으로 우리는 매끼니 따뜻한 밥을 먹을 수 있다. 쌀 한 톨이 만들어지기까지 99번 손이 간다고 하니 농부의 부지런함을 먹고 곡식이 자란다고 할 수 있다. 그뿐만 아니라, 자연적인 기후 환경까지 맞아떨어져야 비로소 수확의 기쁨을 누릴 수 있다.

가을걷이 수확 철인데 계속되는 장마에 처음 심은 참깨가 걱정이다. 농사 중에 참깨가 제일 쉽다고 한다. 그냥 두면 저절로 자란다고 말할 정도다. 참깨는 씨방이 열리기 전에 참깨 대를 잘라 세워서 말려놓는다. 농촌에서는 참깨, 들깨 농사는 기본이라며 날이 가물면 참깨 농사는 저절로 되는 것과 다름없다고 말하며 마을 사람이 한 움큼 주기에 심었다. 며칠이 지나 싹이 올라오는데 올라온 싹 한 개만 남기고 두 개를 뽑으라고 한다. 시간이 지나니 예쁜 꽃이 피기 시작하더니 열매를 맺었다. 처음 보는 참깨 꽃이었다. 참깨 대가 노랗게 익어가면 잘라서 말리라고 하는데 계속 비가 내리고 있다. 수확하기 전까지 잦은 손길로 잘 가꾸었는데 수확하려고 할 때 장마라니 안타깝다.

농사는 삼박자가 맞아야 한다. 잘 심고 가꾸는 과정에서 생육에 필요한 조건(햇빛, 공기, 물)하에서 정성껏 키워 수확하는데 장마가 길어지면 낭패다. 그래서 농사는 혼자 짓는 게 아니라 하늘이 지어준다는 말이 있다. 그렇다고 하늘만 바라보고 손 놓고 기다릴 수 없는 게 농사다.

유치원에 갔을 때 아이들에게 가뭄이 들어도 땅을 갈고 씨를 뿌려 가꾸는 부지런한 농부와 하늘만 쳐다보며 비 오길 기다리던 게으른 농부의 이야기를 들려주었다. 내내 땅을 갈고 씨를 뿌리며 가꾼 부지런한 농부는 마침내 비가 오자 땀 흘린 만큼 곡식을 거두었지만, 일하지 않았던 게으른 농부는 거둘 것이 없어 굶주려야 했다. 예기치 못한 상황이 와도, 해야 할 일을 부지런히 하면 원하는 것을 얻을 수 있다. 하지만 핑계를 대며 차일피일 미루면 아무것도 얻을 수 없다는 이야기다.

작물은 주인의 발자국 소리를 듣고 자란다고 한다. 농촌에서는 게으르면 농사짓기 힘들다. 농촌에는 농번기가 되면 일손을 돕기 위해 가족들이 총출동한다. 가족이 많지 않은 가구들은 부족한 일손을 외부에서 찾아야 한다. 외국인 근로자의 노동력도 인건비도 감당하기 힘들다. 부모님의 일손을 돕기 위해 도시에서 사는 자녀들은 휴가를 내 농촌으로 내려온다.

매년 조금씩 들깨 농사를 지어도 다른 사람만큼 수확량이 많지 않았다. 그것을 보고 안타까웠는지 마을에서 들깨 농사로 많은 돈을 번 농부가 팁을 알려준다. 풀 약을 치지 않으면 농사를 지을 수 없단다. 풀 약이 무엇이냐고 물으니 제초제란다. 유기농으로는 절대 키울 수 없다며 모종을 심기 전에 풀 약을 뿌리고 중간에 한 번 비료를 주면 깻잎이 잘된단다. 농사는 욕심만 갖고 짓는 게 아니다. 들깨도 참깨도 도리깨질로 씨를 다 털어서 전에는 체에서 걸러냈지만, 지금은 선풍기 바람으로 날려야 한다. 모아진 깨들은 깨끗하게 씻어 방앗간에서 볶아 기름을 짠다. 처음 생산한 농산물로 만든 참기름과 들기름은 힘들게 지은 농사일의 보상물이었다. 여름철 풀과의 전쟁에서 가볍게 승리할 수 있었던 것은 가족의 건강을 위해서다. 안전한 농산물을 얻기 위해 흘린 땀방울의 결실이었다. 농사는 욕심이 없어야 정직한 농산물을 생산할 수 있다. 지난여름 이렇게 자연이 주는 시련을 하나씩 극복해나가는 과정을 통해 나의 귀농생활은 한층 성장했다.

과일나무는 겨울철 추위를 견디기 위해 겨울잠에 들어간다. 과일나무는 겨울잠을 자는 휴면기, 눈이 트는 발아기 등 생육단계에 따라 추위를 견디는 힘이 다르다. 과실나무가 겨울잠에서 일찍 깰 경우, 갑작스러운 한파에 얼게 되는 것이 냉해다. 농작물의 성장 기간 중 작물의 생육에 저온이 지속되어 농작물 수확에 영향을 끼친다. 변덕스러운 날씨 덕에 4월에도 서리가 내려 지대가 낮은 과원에 피해가 발생한다. 지자체에서 냉해 피해로 손상된 과수원에 보조금이 지급된다. 농림수산식품부는 농업인들에게 자연재해의 피해를 덜 입기 위해서는 농작물재해보험을 들어야 한다고 말한다.

농사를 지으려면 보험은 꼭 들어야 한다는 이야기는 교육을 통해서도 많이 듣게 된다. 하루는 이웃 마을에 마실 갔다가 돌아오는 길에 대추밭에 빨간색 리본이 주렁주렁 달려 있었다. 밭을 정리하는 주인에게 나무에 왜 리본을 달아놓았는지 궁금하다고 물으니 보험을 들었더니 농협에서 확인하고 달아놓고 갔다고 한다. 예전 같지 않고 지금은 농협에서 실사를 나온다.

기존 농어민들은 보험에 들으라고 해도 잘 들지 않는다. 보험을 들지 않아도 농산물이 수익이 되어 보험은 뒷전이었다. 하지만 젊은 귀농인들은 대부분 보험을 들어 자연재해로 피해 보상을 받는 사람들이 늘고 있다. 보험은 농사짓는 사람들에게 선택이 아닌 필수다. 귀농한 젊은 사람들을 통해 얻는 정보와 농촌 어르신들에게 배우는 농사의 기술을 공유해야 한다. 그래야만 정보 공유와 상생협력체계를 통해 가치 있는 농가 소득으로 이어진다. 농사는 혼자서 지으면 놀이가 되겠지만, 여럿이 함께 지으면 문화를 이룰 수 있다.

가을 배추가 한창 자라고 겨울 배추가 뿌리를 내리는 9월에 세 개의 태풍이 연이어 휩쓸고 지나가면서 배추밭이 초토화되었다. 태풍 세 방에 국내 최대 배추밭이 쑥대밭이 되어 배추밭 곳곳은 마치 수확을 끝낸 밭처럼 누런 흙만 남아 있었다. 그나마 자리를 지키고 있는 배추도 뿌리 부분이 썩어 발로 툭 건드리면 힘없이 쓰러졌다. 자연이 주는 시련을 피할 방도는 없다. 농민들은 아침마다 일기예보를 확인한다. 그런데 갈수록 가뭄과 집중호우, 태풍, 폭설 등 예상치 못한 자연재해로 어려움을 겪게 된다. 작물을 자식 키우듯이 하는 농민들은 한파에 작물이 얼까 봐 부직포로 이불을 덮어주고 종이 모자도 만들어 씌워준다. 농작물을 정성껏 보살펴도 한순간 휩쓸어가는 자연재해는 피할 수는 없지만, 최선을 다해 대처하고 있다.

밀양에서 블루베리 농사를 짓는 동기가 무 농사가 아주 잘되었다고 한 자루 갖고 왔다. 배추는 수확량이 많지 않아 농사지어준 분과 나누다 보니 다섯 포기를 갖고 왔다고 한다. 다른 곳에는 배추가 병들어서 수확하지 못하고 버렸다는데 이웃에 사는 한 자매가 밭작물 농사를 잘 짓는 비법을 마을 사람들에게 가르쳐주어 이 마을에서는 걱정 없이 김장을 할 수 있었다고 한다. 마을 사람들이 공동으로 배추와 무 등 김장에 필요한 작물들을 직접 심고 가꾸고 공동작업이 이루어진 것이다. 농사는 혼자서 짓는 게 아니라 전문적인 지식을 공유해야만 잘 지을 수 있다.

관행농업으로 평생 농사지으신 어르신들의 관념은 잘 변하지 않는다. 단순히 복숭아가 좋아서 귀농해 15년간 농사짓고 있는 마이스터가 있다. 처음 농사를 시작했을 때 무엇보다 배우는 일이 가장 힘들었다고 한다. 농사를 잘 짓는 농부들을 찾아가 배움을 청하기도 했다. 농업 마이스터 교육생들과 일본에 견학을 가보기도 했다. 농사일을 배우는 것은 결코 쉬운 일이 아니었다. 하지만 더 좋은 품질의 복숭아를 재배하기 위해서는 기존의 재배방식을 벗어나야 한다고 생각했기에 공부를 멈출 수가 없었던 그는 비료 없이 농사를 짓고 있다. 관행농법으로는 이해가 되지 않는 방식이다.

그가 판매하는 복숭아가격은 일반 농가의 복숭아가격의 배가 된다고 한다. 그가 처음 농사 시작했을 때 그의 농원에 견학하러 오는 사람들이 비료를 사용하지 않고 어떻게 농사를 짓냐고 물었다고 한다. 의외로 대답은 간단하다. 가지를 치는 일에 더 많은 신경을 기울이고 있다고 한다. 가지 친 나뭇가지를 잘게 부수어서 나무의 거름으로 사용하고 있다. 결국은 땅을 살리는 농사를 짓다 보면 맛과 품질이 뛰어난 작물을 재배할 수 있다. 이처럼 농사는 끊임없이 배우고 함께 나누며 거침없이 도전해야 한다.

충분한 지식 교육 없는
무모한 도전은 금물

어젯밤부터 태풍급 돌풍이 불기 시작하더니 새벽녘에 많은 비가 내린다. 비 한 방울이 귀한 겨울이었다. 온 대지가 말라 양파와 마늘이 기운을 차리지 못했다. 더구나 곳곳에서 큰 산불이 났다는 소식이 끊이지 않아 애가 탔다. 시들어가는 밭작물들에 호스를 연결해 물을 주었다. 하지만 하늘이 내려주는 비를 대신하기는 턱없이 모자랐다. 그러던 중, 기다리던 단비가 내렸다. 밭작물만큼 나 역시 봄비가 반가웠다. 이리저리 돌아다니다 양파, 쪽파, 마늘밭으로 왔다. 훌쩍 커버린 밭작물이 신기했다. 웬만한 비료를 주는 것보다 성장 속도가 빨라 보였다. 애타게 기다리던 단비를 맞은 나도 눈에 보이지 않는 속도로 농부로 성장하고 있다.

각박한 경쟁으로만 살아가는 도시에 회의를 느끼고 인간답게 여유롭게 살 수 있는 전원생활을 꿈꾸며 귀농했다. 시골이라는 낯선 곳에서 살아보지 않았던 내가 어떻게 살아가고 있는지 나를 아는 사람들끼리 궁금해서 내기까지 했다고 한다. 도시에 있는 집을 팔지 않은 걸 보면 시골에서 살다 돌아 올 것이라고 생각했단다. 사무실에서 펜대만 굴리던 사람이 고된 일을 못한다고 단정을 지었다.

처음에는 적응하기 힘들었던 것이 사실이다. 밤이 되면 적막강산이 된다. 그러나 그 시간만큼은 나만의 시간을 보낼 수 있다.

하루는 친구 부부가 찾아왔다. 신랑이 진득하게 직장 생활을 하지 못하는 성격이라 농촌에 들어가서 잘 적응할 수 있을 것 같아 귀농을 선택했다고 한다. "농사 아무나 짓는 게 아니다. 어쩌면 직장 생활보다 농촌의 생활이 몇 배 더 힘이 들 수도 있다"라고 말하니 친구는 남편이 온종일 매여 있는 직장 생활을 벗어나서 자유롭게 땅을 일구면서 시골에서 살고 싶다고 했다 한다. 둘이 귀농을 결심했다면 먼저 귀농에 관련된 교육을 받아보라고 했다. 그다음에 땅을 보는 눈을 키워야한다. 그렇게 하기 위해서는 많이 봐야 한다. 급하게 생각하지 말고 발품을 팔아보라고 했다.

도시인의 로망이라는 시골 생활, 전원 생활에서 가장 중요한 기반은 집이다. 도심의 아파트 생활과 다르게 넓은 마당의 전원주택은 궁전 같이 느껴진다. 그러나 귀농해서 마당에서 지인들과 삼겹살 파티를 하는 것도 한두 번이다. 경치 좋은 풍광에 집 짓고 6개월 정도 살아보면 감흥이 없어진다.

친구 부부는 농사에 대한 충분한 교육도 받지 않고 무리한 투자를 했던 탓에 어려움을 겪게 되었다. 여름에는 몰랐는데 겨울나기가 쉽지 않았다. 배관에 문제가 생겨 얼어서 난방에 이상이 생겼다. 시골은 도심과 달리 겨울에 굉장히 춥다. 시골에 살다 보면 사소한 것들이 불편하게 느껴지기 시작한다. 농사짓는 일도 처음에는 재미있다. 누구의 간섭을 받지 않고 혼자서 별로 힘들지 않고 가볍게 시작했다. 농사를 지으면서 몰랐던 것들을 알아가는 과정은 좋았다. 그러나 농사일은 그렇게 쉬운 것이 아니다.

귀농에 실패하는 사람들 중 많은 사람들이 먼저 농사를 짓던 지인을 보고 무작정 따라 하는 경우다. 대추는 다른 농작물에 비해 손이 많이 가지 않는다고 했다. 대추 농사의 경험도 없고 지식도 없었던 그는 주위에서 손쉽다고 하니 시작했다. 봄에는 대추 순을 쳐내야 열매를 많이 달 수 있다. 이것은 나무 위를 보면서 하는 작업이라 고개가 아프고 어지럽기도 했다.

정신적인 스트레스를 받는 직장 생활과 달리 농사일은 육체적인 피곤함을 감출 수가 없었다. 그는 결실의 계절이 되자 수확을 위해 농가 일손 돕기를 신청해 도움을 받았다. 수확한 대추 건조 과정은 만만치 않았다. 그렇게 힘들게 지은 농산물가격은 폭락이었다. 대추가격이 하락하는 바람에 농민들이 대추나무를 베어버리기 시작했다. 첫술에 배부를 수는 없겠지만 대추 농사를 계속 지어야 할지, 다른 작목을 선택해야 할지 고민하고 있다.

어느 날, 2년 전에 도시농업관리사 양성 교육과정에서 알게 된 지인이 구미에서 남편과 함께 출발하려고 한다고 전화가 왔다. 자신의 남편은 귀농에 대한 꿈을 갖고 있는데 자신은 절대로 농사를 짓지 않을 거라고 한다. 그녀의 고향은 후포리였다. 농사짓는 부모님을 보고 자란 아내는 농사는 무조건 힘들다는 인식을 갖고 있었다. 반면 남편은 농사는 당연히 힘은 들지만 노력한 만큼 거둘 수 있는 정직한 노동이라고 생각했다. 서로의 견해 차이를 줄이기 위해 귀농한 나의 사례를 듣고 싶어서 나들이 삼아 왔다고 한다.

현재 부부는 현역에 있으면서 이모작을 미리 계획하고 있었다. 아내는 농촌에 투자하지 않고 도시에서 텃밭을 가꾸며 살고 싶다고 한다. 남편은 고향으로 귀농해 땅을 가꾸면서 새로운 이모작을 꿈꾸고 있었다. 내일 당장 다니는 회사를 그만둘 것도 아니고 바로 귀농하겠다는 것도 아닌데 미리 계획하는 것이 다른 귀농인들과 달랐다. 귀농에서 성공한 부농도 아닌데 먼 길도 마다하지 않고 찾아온 부부가 고마웠다. 고향이 서울인데 어떻게 귀농하게 되었는지, 농사지으실 분들이 아닌 것 같은데 과수 농사지으면서 힘들지 않냐고 묻는다. 내 대답 여하에 따라 남편의 의견대로 귀농을 하게 될지, 아내의 의견대로 도시농업을 하게 될지가 결정되기에 굉장히 어려운 질문이었다.

남편은 퇴직하면 혼자라도 고향으로 갈 거라고 한다. 아내는 나이 들어 농사지으면 병만 생긴다고 싫다고 했다. 부부의 말은 둘 다 맞다. 농촌에서 농사짓고 살고 싶었으면 조금 더 젊었을 때 들어왔어야 한다고 했다. 하지만 나이 들면 도심에 있어도 안 아픈 곳이 없게 된다. 다만 도시는 늘 가까운 곳에 병원이 있어 진료를 받을 수 있는 시간이 단축된다. 농촌에는 아무래도 큰 의료시설이 없어 불편하다. 그렇지만 농촌에는 다양한 사회복지사업이 잘되어 있어 긴급전화로 호출하면 119가 바로 온다는 말로 웃음을 자아냈다.

귀농을 왜 하고 싶은지 남편에게 물었다. 결론은 빡빡한 도시의 직장 생활로 복잡한 인간관계에 지쳐 건강을 찾고, 자신이 선택한 자연 안에서 행복감을 느끼며 살아가고 싶다고 이야기한다. 하지만 아내의 생각은 조금 달랐다. 아무런 준비 없이 막연히 귀농을 생각하는 자체가 싫었던 것이다. 아내는 보험설계사로 직장 생활을 하고 있었다.

일단 부부와 농장을 둘러보는 것으로 시작했다. 방목하는 닭들을 보고 도시에서 유정란을 사서 먹는데 쑥을 뜯어 먹는 닭은 처음 본단다. 어린 시절 내가 보고 자란 농촌과 지금의 농촌을 느껴보라고 했다. 농사는 예나 지금이나 힘이 든다. 하지만 부지런하면 농촌에서 무리 없이 살 수 있다. 귀농하면 농사만 짓는다고 생각하지 말고 닭도 키우고 염소도 키우면 돈도 된다고 했다. 아내의 마음이 움직이기 시작했다. 그렇게 영주에 있는 땅에 일사천리로 계획을 세운다.

귀농한 이들의 성공 스토리를 들으면 그만큼 빠르게 성장할 수 있다. 반면 충분한 지식과 교육 없는 무모한 도전은 금물이다.

도시 문화와
농촌 문화의 차이

새벽에 하얗게 내린 서리로 밭작물들이 초롱초롱 빛을 발하고 있다. 완연한 봄이다. 겨우내 내리지 않던 비가 촉촉하게 내리기 시작했다. 사람도 땅도 나무도 기지개를 켜고 있다. 노지에 심어놓은 말라죽은 것처럼 보였던 양파가 고개를 들고 물기를 머금고 있다. 숲속 길에 들어서자 이름 모를 향이 코끝을 자극한다. 생강나무에 꽃망울이 맺혔다. 발길 소리에 후다닥 날아가는 꿩도 만난다. 이제부터 이곳은 천국의 낙원처럼 화려하고 평화로운 꽃길이다.

얼었던 땅이 녹으면서 땅속의 풀들이 앞다투어 올라오기 시작한다. 비닐하우스 안에 심어놓은 마늘도 제법 컸다. 농촌의 봄은 일이 시작된다는 의미다. 농촌에서의 일은 하려고만 하면 끝이 없다. 농사철에는 이른 새벽부터 어둠이 내려도 일손을 놓지 못한다. 농작물의 때를 놓치면 그만큼 힘들어지기 때문에 사람이 찾아와도 살갑게 대하지 못한다. 어찌 보면 농촌의 농사일은 자기중심적이다.

한창 바쁜 농번기 때에는 커피 한 잔 마시는 시간도 아까워진다. 하루는 점심 식사를 마치고 간식을 먹다 보니 옆의 대추밭에서는 식사 후에 바로 일을 시작한다. "쉬면서 하세요" 하며 시원한 식혜를 갖다 주니, "도시 사람들은 촌사람들과 다르게 싹싹하고 친절하다"며 고맙다고 한다. 대추밭 주인은 오늘 마쳐야 해서 먹는 것보다 농사일이 더 급하다고 한다. 일에만 집중하는 농촌 사람의 성격이 급해 보였다. 도시에서는 일의 능률을 높이기 위해 음악도 틀어놓고 일하는데 농촌에서는 잡담도 없이 일에만 몰두한다.

얼마 전, 강릉 동해 일대에 대형 산불을 낸 방화범이 구속되었다. 귀촌인은 원주민들이 자신을 무시해서 방화를 하게 되었다고 한다. 이러한 대형 산불 사건처럼 귀농·귀촌의 이면에는 귀촌인과 원주민의 갈등이 뿌리 깊게 자리 잡고 있다. 귀농인들과 원주민들과의 갈등이 발생한 가장 큰 요인은 농촌 사회와 문화에 대한 이해가 부족해서다.

농촌은 관례적으로 원주민들한테 유리하게 마을 일을 처리하는 경향이 있다. 귀농인은 불만과 불신이 높아 이러한 것들을 지역의 텃세라고 말한다. 도시 생활에 길든 귀농인은 제삼자의 입장에서 보면 별 대수롭지 않은 갈등이라도 갈등이 발생하면 먼저 행정민원으로 해결하려고 한다. 하지만 귀농인이 귀찮은 존재로 인식되지 않도록 서로가 함께 배려해서 원활한 소통이 이루어지도록 노력해야 한다.

귀농으로 성공하기 위해서는 정확한 시장 조사가 필요하다. 귀농생활에 실패하는 원인은 농촌 문화에 적응하지 못해서가 가장 크다. 귀농 인구의 약 37%가 지역주민들과의 관계가 좋지 않은 이유로 선입견과 텃세를 꼽았다. 이질적인 두 문화의 충돌로 인해 나타나는 갈등이다. 그만큼 농촌 공동체에 스며드는 것이 쉽지 않다. 비록 외부에서 들어온 귀농인들의 입장에 보면 부당해 보여도, 기존 주민들의 생활 습관은 오래전부터 내려오는 관습이다. 귀농은 사회적 이민이라고 불릴 정도로 이러한 문화적 차이를 극복해야 한다.

밭과 밭 사이에 경운기가 다닐 길을 만들기 위해 기존 주민들이 소유한 땅을 조금씩 내놓아 농로를 만들었다. 그 농로를 사용하는 귀농인들은 어떻게 그 농로가 만들어졌는지 잘 모른다. 그러다가 분쟁이 일어났다.

50대 초반의 젊은 직장인이 퇴직하면 들어오려고 200평 땅을 구입해 측량을 시작했다. 그런데 구입한 땅 안에 감나무 세 그루가 심어져 있는 것을 확인하고, 감나무 주인에게 말없이 내용증명을 보냈다. 감나무 주인은 내용증명을 받고 협의하고 싶었으나 젊은 사람은 응하지 않았다. 측량한 땅에 펜스를 쳐놓고 한동안 농촌에 오지 않았다. 감나무 주인은 펜스 친 곳에 들어갈 수 없었다. 방제도 할 수 없었다. 젊은 사람은 감나무를 베든지 뽑아가든지 치워달라고 했다. 기한에 치워주지 않으면 법대로 하겠다며 또 내용증명을 보내고는 감나무를 베어버렸다.

농촌에 사는 기존 농민들은 외지에서 들어온 젊은 사람들을 냉정하다고 말한다. 외지에서 들어온 사람들은 남의 땅에 농사를 지었으면 대가를 주어야 옳은 일이라고 한다. 도시 기준으로 일처리를 요구하고 자기 권리를 주장해 주민과의 갈등을 일으키는 태도는 마을 정착을 어렵게 만든다.

농촌과 도시 사이에는 의식주 문화부터 차이가 있다. 농사일로 하루를 보내다 보면 사람 만나는 일이 거의 없다. 또한 농촌의 평균 연령이 구순이 넘는다. 밭에 나가서 직접적인 일을 못하더라도 농사일로 뼈가 굵었던 터라 앉아서 천리를 보듯 농사 이야기를 한다. 농촌에서 농사 짓는 농민은 자연을 상대로 계절의 변화와 농사의 시기, 농작물의 성장 과정을 세심하게 관찰한다. 정성과 땀이 다 들어간 농산물은 자식에 버금가는 소중한 작물이라서 함부로 버리는 일이 없다. 농사를 짓고 밭을 가는 농경사회 중심인 농촌은 불편하지 않게 편한 옷차림으로 일한다.

도시인들은 농산물이 소비상품이기에 비교하고 평가한다. 도시는 사회적·경제적 활동 중심지로 농촌 문화와 다르게 사회적 지위를 드러낸다. 도시에서 거주하는 사람들은 하루하루 바쁘게 생활한다. 바쁜 탓에 아침 식사를 거르고 출근하는 사람이 많다. 간단히 먹을 수 있고 빨리 음식이 완성되는 인스턴트 식품 등을 단시간에 편리하게 이용한다.

도시 문화와 농촌 문화는 상대하는 대상 역시 다르다. 도시는 사람을 상대하고 농촌은 자연을 상대한다. 농산물을 기준으로 보면 농촌과 도시의 근본적인 차이는 생산과 소비의 관계다. 도시와 농촌의 의식주 차이에서도 알 수 있듯이 주위 환경에 따라 다양한 문화생활을 하게 된다. 환경이 달라지면 문화적 차이가 발생한다. 그리고 도시화가 진행될수록 농촌과의 격차가 심해질 수밖에 없다. 농촌과 도시 간 문화의 이질화는 고유한 특성으로 인정하고 점차 그 차이를 줄여야 한다.

귀농 인구의 약 43%가 지역주민들과의 관계가 좋지 않은 이유로 지역주민의 선입견과 텃세를 꼽았다. 그만큼 농촌 공동체에 스며드는 것이 쉽지 않다. 이질적인 두 문화의 충돌로 인해 나타나는 갈등이다. 비록 귀농인의 입장에서는 부당해 보이더라도 원주민들의 입장에서는 오랜 기간을 거쳐 굳어진 규칙이다. 귀농인이 농촌 문화를 제대로 이해하면 마을 이웃과 갈등은 줄어든다.

문화는 정체성을 찾아가는 과정이라고 생각한다. 요즘은 돈, 소비로 문화를 찾는다. 이러한 방법으로 문화를 찾아가는 것도 한계가 있다. 농지를 토지가격으로만 바라보는 자본 중심의 가치체계에서 농촌의 농지가 소중하다는 인식으로 문화적 차이를 극복해야 한다.

언론의 귀농 성공사례,
과연 모두 사실일까?

봄이 성큼 다가온 것 같다. 부산에서 사진작가로 활동하는 친구가 난꽃을 찍어 보내며 남쪽의 봄소식을 전해온다. 대한항공을 퇴직하고 이직해 용역회사에서 근무도 했다. 사진 찍는 취미가 있어 혼자 카메라를 메고 방방곡곡 촬영하러 다닌다. 직장도 다닐 만큼 다녔고 돈도 벌 만큼 벌었으니 이제는 조금 편하게 살고 싶단다. 농촌에서 농사일을 보고 커왔기 때문에 농사일은 어렵지 않다고 쉽게 생각하고 선택했다.

친구는 밀양 땅 500평을 구입해 컨테이너를 마련해놓고 고구마와 배추 등 여러 가지 작물을 심었다. 장날이 되어 심어놓은 작물을 새벽 시장에 가지고 나가면 소매인들이 서 있다가 물건을 보고 흥정한다. 처음에는 쏠쏠한 재미가 있어 규모를 조금씩 늘려갔다.

복잡한 도시 생활에서 벗어나 한적한 농촌 생활은 그에게 힐링을 주었다. 하지만 어느 해에 배추 무름병으로 배춧속이 노랗게 변했다. 배추 출하량이 급감하면서 배추 도매가격이 그 전해보다 두 배로 올랐다. 농사짓는 생산자는 고스란히 손해를 보게 되었다. 친구는 차츰 농사에 대한 무료함과 여러 가지 불편함을 느꼈다. 또한, 생각보다 마을 주민들과 성향이 달라 적응하기 어려웠다. 그래서 정리하고 나오려는데 땅이 팔리지 않아 오랜 시간이 걸렸다. 집을 짓지 않았기에 다행이지, 집까지 지었으면 발이 묶여 다른 선택을 할 수 없었을 것이다.

가끔 방송에서 성공한 영농사업가 모습이 소개된다. 치열한 도시 생활에서 벗어나 여유로운 농촌에서 고부가가치 작물로 고수익을 올려 성공한 영농사업가들의 이야기를 듣고 사람들은 귀농에 대한 로망을 가지게 된다. 머릿속에서 집도 짓고, 농사를 지으며 수입은 엄청날 것이라는 장밋빛 환상으로 부풀어 있다. 하지만 농업도 창업이고 사업이기에 막연하게 생각하고 준비 없이 귀농했다가 몇 년 버티지 못하고 되돌아가는 이들이 많다. 귀농에 대한 로망으로 가득 찬 귀농인들은 언론에서의 귀농인들의 성공사례만 듣고 믿는다. 하지만 부농이 될 것 같은 희망을 갖고 귀농했다가 마음고생으로 어쩔 수 없이 농촌을 떠나는 사람들 역시 굉장히 많다.

맑은 공기와 뻥 뚫린 푸른 자연의 모습을 보면 복잡한 도심을 떠나 농촌으로 들어가고 싶다. 누구나 한 번쯤 농촌에서의 삶을 꿈꾼다. TV에 나오는 귀농 성공담처럼 자연 속에서 여유롭게 지낼 수 있으리라

믿는다. 귀농을 결심하는 사람 중에는 그냥 단순히 시골이면 된다는 생각으로 오는 사람도 있다. 귀농인들은 언론에 성공한 사례만 보고 그 사례를 전체로 착각해 그 방법만 고집한다. 그러나 농업의 현실은 현재 막대한 수익을 올리는 이들조차 농업 개방으로 미래에 대해 낙관하기 어렵다.

창녕생태귀농학교 도리원에서는 교육을 이수한 사람들을 대상으로 신지식인 농업인의 장아찌 담는 교육을 해주었다. 이론보다 실습 위주의 교육이라 사람들이 많이 모였다. 배우려는 목적도 다양했다. 판매를 위해서 배우려는 사람도 있었고, 최대한 저장 기간을 늘릴 수 있는 장류를 배우고 싶어 오는 사람도 있었다. 다듬어 씻어서 물기를 빼고 간장, 설탕, 식초를 넣고 만드는 장아찌는 의외로 조리가 간단했다. 바로 담아 먹을 수 있고 젊은 사람들의 입맛에도 맞았다. 판로가 확실하다면 직접 농사지어서 장아찌까지 만들어보자고 했다. 어차피 귀농을 목적으로 만난 사람들의 모임이니 함께하자고 했다. 우선 농지는 창녕에 임대하기로 했다. 비닐하우스 안에 고추 농사 짓기를 시작했다. 처음에는 거리가 상당히 멀어도 함께하는 게 좋았기에 매일 만나 땅도 갈고 비료도 주며 비닐하우스에서 모든 일과가 시작되고 끝났다.

그런데 시간이 지날수록 만나는 시간이 뜸해졌다. 농사의 경험도 부족하고 생각보다 비닐하우스에서의 작업이 녹록지 않았기 때문이다. 임대 기간도 있고 당장 처분하기는 아까웠다. 첫해에는 직접 지은 고춧가루로 고추장도 만들어 나누면서 진짜 농부가 된 것처럼 느껴졌다. 함께했던 한 부부는 창녕으로 귀농해 고추 농사를 맡아서 계속 짓기로 했다. 농사에 대한 경험이 부족해도 함께할 수 있는 동기들 덕분에 조금씩 기반을 넓혀나갔다. 부부는 온종일 비닐하우스에서 고추를 따서 고춧가루도 직접 만들어 지인들에게 판매하기도 했다. 하지만 농촌에서의 풍요로움을 느끼며 행복한 마음도 잠시, 무리한 농사로 인해 건강에 이상이 생겼다. 남편이 무거운 짐을 들다 허리가 아파서 더 이상 농사를 지을 수 없게 되었다.

귀농하기 위해 들은 각종 농업 관련 교육은 이론교육 위주였다. 그 이후의 현장 실습은 파프리카 농업으로 성공한 귀농인 선도농가를 방문해 눈으로 보는 교육이다. 유리온실로 전 자동화 시스템으로 운영되었다. 귀농인 선배의 귀농 과정이 호기심으로 다가온다. 은행원 A씨는 초기 비용 투자가 많아 귀농농업창업 및 농어촌진흥기금지원사업 융자를 신청해 귀농을 결심했다. 하지만 귀농인의 로망을 실현하기란 쉽지 않았다. 백조가 물 위에서 보면 우아한데, 물 밑에서는 발길질을 계속하고 있는 것과 같다. 물 위에서 예뻐 보이는 것이 다가 아니라는 것이다. 그는 언론을 통해 파프리카 수출로 연 매출액을 올리는 성공사례를 듣고 새롭게 도전하고 싶었다. 하지만 초기자금에 대한 부담으로 경제적 손실이 이어졌다. 성공사례만 믿고 도전했다가 경제적 손실만 안게 된 것이다.

현행 농업인 교육에 대한 아쉬움이 있었다. 귀농인들을 위한 프로그램은 이론이 아닌, 해당 작물에 대한 재배부터 수확에 이르기까지 현장 위주의 프로그램으로 진행되어야 한다. 농사를 지어본 적이 전혀 없는 귀농인들은 귀농 이후 농촌에 정착하기까지 엄청난 시행착오의 고통을 겪을 수밖에 없다. 농사는 현장에서 배워야 하고 좋은 멘토를 만나야 하고 시골 정서를 먼저 알아야 한다. 매스컴의 귀농 성공사례가 사실인지 다시 한번 짚어봐야 한다.

최근 귀농인이 크게 늘어나고 있는 추세지만, 사실상 농사를 접해보지 않은 사람들 대부분이 농촌에 제대로 정착하지 못하고 도시로 돌아가고 있는 것이 현실이다. 방송만 보고 환상을 갖지 말고 정확한 정보를 습득해야 한다. 귀농은 도시에 거주하는 인구가 도시를 떠나 농촌에서 새로운 형태의 삶을 이어가는 것으로, 그 유형과 목적이 다양하다.

지금은 표고버섯 농사를 짓고 있지만 불과 3년 전까지만 하더라도 잘나가는 직장인이었던 지인이 있다. 귀농해 처음에는 기반 지식이 없이 맨땅에서 시작한 농사다 보니 재배 과정 중 애로사항도 많았다. 팬데믹 시대가 찾아와 오프라인 시장이 축소되어 실시간 온라인 동영상을 통해 상품을 판매하기 시작했다. 성공에 불확실한 판로라고 생각했지만, 끊임없이 변화하는 세상에 적응하기 위해 도전했다고 한다. 귀농을 해서 농사만 지으면 다 성공한다고 생각하지 말고, 이렇듯 스스로 생각해서 직접 부딪히며 판로를 찾고 움직여야 한다.

— 3장 —

적은 돈으로 귀농과 노후를 준비하는 방법

01

인간관계
네트워킹 만들기

오랜만에 서울에 있는 친구에게 전화가 왔다. 멀리 떨어져 있어 만나기가 쉽지 않은 친구다. 그래서 친구의 전화가 더욱 반가웠다. 어릴 적 우리는 앳되었지만, 지금은 흰머리가 나고 살도 많이 쪘다. 하지만 우리는 예나 지금이나 잘 웃는다. 한바탕 웃고 나면 고단함이 사라진다. 오늘따라 친구들이 보고 싶다.

퇴직 전, 송별식 및 송년의 밤 행사에서 38년간의 직장 생활을 한순간에 정리하듯 퇴임사를 준비했다. 홀로 귀농한 남편을 따라 이제 제대로 된 인생 이모작을 준비해 귀농한다고 말했다.

"떠날 때는 떠날 줄 알아야 하고 머무를 때는 머무를 줄 알아야 하는 세상이 참 어렵긴 합니다. 그동안 직장이라는 사회에서 가족처럼 함께했던 선후배 동료 여러분께 감사하고 고마울 따름입니다. 함께 웃음을 나누는 일도 있었고, 때로는 슬프고, 때로는 기분 상해 얼굴 붉히는 일도 더러는 있었지만, 이제는 서로를 이해하고 용서하는 것은 나이 듦이겠지요. 인간에게 주어지는 시간은 공평하다고 합니다. 어떻게 쓰느냐에 따라 인생은 달라진다고들 하지요. 이제 저는 제2의 인생의 첫발을 긍정의 힘으로 힘차게 내디디렵니다. 자연과 더불어 살 수 있는 쉼이 있는 청도 마티아 농장에서 건강한 먹거리로 도심에 지친 사람들에게 필요한 체험농장을 준비하려고 합니다. 현실과 이상은 차이가 있어 더러는 두렵기도 하고 불안하기도 합니다. 하지만 여러모로 응원해주시고 격려해주시는 선배님, 후배님들이 계시기에 지치지 않게 최선을 다하겠습니다. 우리는 만날 때에 떠날 것을 염려하는 것 같이 떠날 때 다시 만날 것을 믿습니다. 그동안 정말 따뜻했습니다. 이 모든 추억을 기억하겠습니다."

귀농을 한 후, 생산도 중요하지만, 마케팅이 더 어렵다는 것을 느꼈다. 귀농 당시 농사만 잘 지으면 유통은 문제가 없을 것으로 생각했다. 어렵게 시작한 농사는 수확 단계에서 가격의 낙폭이 심해 제값을 받지 못하는 경우가 많아 속상했다. 특히 청과 시장에 출하하면 현실과 동떨어진 경매 제도 때문에 억울했다. 농산물의 품질 여부가 아닌 농업인의 지명도에 따라 가격이 정해지는 이해하지 못할 관행이 자리 잡고 있었다. 최고의 농산물을 내놓아도 제값을 받지 못했다. 기존 토착민들은 생산에 관련된 일은 잘하지만, 판매는 농협공판장이나 청과 시장에 출하했다.

38년간의 직장 생활을 통해 인간관계 네트워킹을 만들기 시작했다. 퇴임사를 통해 귀농할 것을 알리고, 안전하고 건강한 먹거리를 생산을 위해 최고의 농사를 약속했다. 판로는 선후배들의 도움이 필요하다고 생각했는데, 역시나 그들의 도움으로 성과를 이루었다.

도시 생활에서 쌓았던 사람과의 관계가 농촌에 왔다고 해서 사라지는 것이 아니다. 이러한 관계는 도시민들의 소비 트렌드를 확인하고 자신이 생산한 농산물을 판매하는 고객으로 활용할 수 있다. 도시의 삶 속에서 경험할 수 있는 마케팅 관련 지식을 유통과 판매에 활용할 수도 있다. 내가 운영하는 블로그와 밴드를 통해 입소문이 나기 시작했다.

경북대학교 농과대학 식품공학부 대학원생들 여섯 명이 블로그를 보고 찾아왔다. 토양 채취로 미생물에 관한 비옥도 연구를 위한 석사 논문을 작성하기 위해 방문했다. 토양의 물리적 화학적·생물적 특성을 실험, 분석하기 위해 토양을 채취한다. 토양 비옥도 연구를 위한 시료는 표토의 복합시료 20곳을 지그재그형으로 채취한다. 유기농업기능사 자격증을 취득하기 위해 공부했던 내용을 농과대학생들을 통해 다시 한번 습득했다. 작물은 필수원소를 공급하면 잘 자라게 된다. 농장의 토지도 농업기술센터에 토양 건강검진을 의뢰했다. 토질 검사를 의뢰하면, 과수 토양 비료사용 처방서와 시설토양 비료 사용 처방서, 토양 검정 결과서 세 장을 2주 후에 우편으로 받아볼 수 있다. 주기적인 토양 건강검진을 통해 안전한 농산물 생산으로 농작물 생산성을 증가시킨다. 땅의 기운을 받고 자란 작물들은 생명을 유지하기 위해 먹는 먹거리다. 그렇기에 예부터 땅을 대지의 어머니라고 불렀다.

복숭아 수확 철이 되면 농장의 주말은 사람이 끊이지 않는다. 산자락에 위치한 농장은 보기만 해도 힐링이 된다. 풍부한 일조량과 밤낮의 기온 편차가 높은 당도와 풍부한 과즙을 형성해 고객들의 입맛을 사로잡았다. 한 입만 베어 물어도 과즙이 입안에 가득 고여 흐르는 말랑한 복숭아 황도와 백도는 중장년들이 입맛을 되찾아주었다. 젊은 층이 선호하는 아삭한 식감의 딱딱한 복숭아는 특유의 향으로 어린아이들의 입맛도 홀렸다. 이렇게 하계 휴가철이 되면 서울에서 복숭아를 구입하러 오시는 분들도 많다. 대부분 분들은 지인들을 통해 알게 되어 오시지만, SNS(Social Network Service, 소셜 네트워킹 서비스)를 통해 오시는 분들도 많다.

여름철 과일인 수박, 참외는 차가운 과일이지만, 복숭아는 따뜻한 과일이다. 환자들이나 허약한 체질에도 좋은 알칼리성 식품이다. 하루는 귀촌한 미용실 사장님이 손님을 모시고 왔다. 분당에서 내려온 동생이 부모님께 드릴 복숭아를 직접 보고 포장해서 가지고 갔다.

요즘 젊은 사람들은 눈으로 직접 확인하고 먹어본 후, 매년 택배 주문을 통해 지속적인 고객이 된다. 우리 농장의 여름은 늘 잔치집처럼 북적인다. 점심시간 12시부터 2시까지 오시는 분들에게는 빠지지 않고 해드리는 별미가 있다. 바로 냉콩국수다. 처음 보는 분들과의 식사 자리가 어색하지 않다. 그분들끼리 소통이 이루어지고 연결이 되어 새로운 장이 열린다. 그분들이 다음에는 또 다른 가족이나 지인과 함께 오게 되어 자연스레 인간관계 네트워크를 만들어간다.

부산에서 개인사업을 했던 한 남자는 운문면 삼계리 계곡에 놀러 왔다가 청도에 반해 본격적으로 귀농하기 전에 주말농장을 시작했다. 구매한 땅 옆에는 밭이 있었는데, 그 밭에 산딸기나무가 많았다. 그는 나무에 열린 산딸기를 먹어도 되는 줄 알고 마구잡이로 산딸기를 따 먹었다. 그러다 밭 주인이 나타나 난리가 났다. 그는 죄송한 마음에 그 때부터 주말농장에 방문한 지인들에게 옆 밭의 산딸기를 홍보해 산딸기 판매를 도왔다. 밭 주인이 그에게 직접 산딸기나무를 심어 키워보라고 산딸기나무 50주를 주었다. 그는 도로변에 그 산딸기나무를 심었다. 그가 아침에 산딸기를 따고 있으면 출근하는 사람들이 산딸기를 구매해가서 금방 산딸기가 동나고 없다.

우연히 선물 받은 산딸기나무로 산딸기 재배와 판매에 재미를 느끼게 된 그는 청도로 귀농 후 본격적으로 산딸기 농사를 지었다. 그의 산딸기는 가격이 높은 만큼 품질도 좋아서 연 매출액이 상당하다. 그는 정직함과 자부심이 좋은 가격을 받을 수 있다고 했다. 귀농 전 주말농장에서 산딸기를 서리한 행동이 전화위복이 되어 지금은 높은 매출액을 올리는 성공한 귀농인이 되었다. 이웃 농업인과 상생하는 인적 네트워크를 통해 적극적으로 정보를 활용해야 한다.

나는 환경과 먹거리, 문화와 여가 등 다양한 활동을 통해 인간관계 네트워킹을 만들었다. 봄에는 산에서 나는 새순과 산나물들, 취나물, 고비, 두릅 등 자연 친환경농산물을 고객에게 보내고 가을에는 말린 고사리를 비롯해 감식초 등을 보내어 지속적인 관계를 형성하고 있다. 요즘처럼 소셜미디어 등으로 연결된 네트워크는 모두가 찾는 필요한 사람으로 자리매김하게 도와준다.

귀농에 필요한
귀농정책 지원금 활용방법

새로운 인생을 위해 미래의 흐름을 이해하는 것은 매우 중요하다. 자신에게 필요한 정보와 지식을 습득하고 변화의 흐름에 동참할 수 있어야 한다. 귀농으로 인해 사람들은 경제적 변화를 겪게 된다. 이러한 변화에 사람들은 두려움을 갖고 있다. 그러나 변화를 제대로 인식하게 되면, 변화를 불안함으로 받아들이는 것이 아니라 도약의 기회로 받아들일 수 있다.

지인은 친척들을 만나러 청도에 자주 방문하다 보니 자연스레 시골 정서에 익숙해졌다. 그는 대구에서 결혼 후 10년 동안 직장 생활을 했다. 그러다 우연히 TV에서 성공한 청년사업가 이야기를 보았다. 그후 귀농지원금에 대한 뉴스를 접했을 때는 귀농하고 싶은 마음이 살짝 들었다.

귀농인을 유치하기 위해 지방자치단체에서 귀농지원금을 수백만 원에서 많게는 수천만 원까지 지원해준다는 소식에 복잡한 도시 생활을 벗어나고 싶었다. 지인은 귀농에 대한 인식이 점점 긍정적으로 변했다. 귀농할 경우 정착지원금, 농업 창업, 주택 구입 지원 등을 받을 수 있을 것 같았다. 영농 교육을 100시간 이수하고 귀농 결심을 했다.

　그렇게 그는 대구에서 접근성도 좋고 생활이 편리한 청도를 귀농지로 선택했다. 처음에는 미나리 농사만 지을 계획이었다. 농업창업자금 3억 원을 받아 하우스 시설재배를 했다. 그런데 미나리는 12월에서 3월이면 재배가 끝나기 때문에 미나리 농사만 지어서는 안 되겠다는 생각이 들었다. 미나리 재배를 하지 않을 때는 비어 있는 땅에 고추 농사를 짓고 다른 일들도 함께 병행했다. 시설이 준비가 되어 있으니 실험적인 농사를 적극적으로 짓고 있다. 부부와 자녀가 함께 전입해 귀농인 정착장려금 300만 원도 받았다. 조만간에 주택구입 신축지원금 7,500만 원을 받아 집을 지을 계획이다.

　정부에서는 귀농인들에게 안정적으로 농촌에 정착할 수 있도록 귀농·귀촌 종합지원센터을 운영하고 있다. 농사를 지으면 각종 보조금을 신청할 수 있다. 정책자금을 받기 위해서는 많은 준비를 해야 한다. 정책지원금의 지원 목적과 그 내용을 정확하게 알고 절차대로 준비하면 어렵지 않다. 하지만 자금이 필요한 예비 귀농인들이 많아 정책지원금신청 경쟁률이 높아지고 있다. 농협 조합원이 되면 농림수산업자 신용보증기금(농신보)에서 정부정책자금을 빌리는 것도 유리하다. 농림축산식품부의 정책자금은 이율이 낮고 원리금 상환 기간이 길다. 농지

원부가 있으면 농협의 조합원이 될 수 있다.

귀농인 정착지원금 신청 자격요건

- 농촌 지역으로 전입하기 직전 타 시도 농촌 지역에서 1년 이상 거주하다가 기준일(매년 1월 1일) 현재 농업 경영을 목적으로 가족(부부 이상)이 함께 전입한 지 5년 이내인 자 중 만 65세 이하 세대주로서 실제 영농에 종사하는 자(부부는 1인만 지원)
- 도내 이동귀농인 신청 가능 (도시 지역-농촌 지역)
- 이혼, 사별 등 불가피한 사정인 경우 예외적으로 단독세대 신청 가능
- 농촌 외 지역에 주민등록을 두고 농지 원부 또는 농업경영체를 등록한 지 2년 이내(농촌지역 전입일 기준) 가족과 함께 농촌에 이주해 실제 영농에 종사하고 있는 자 신청 가능
  - 지원 내용과 지원 규모 : 500만 원/농가 지원 비율은 보조 80%, 자부담 20%
  - 귀농인 정착 장려금지원 지원 내용 : 부부(2명) 전입- 200만 원, 부부 및 자녀 포함 3인 이상 전입 - 300만 원

농림수산업자신용보증기금(농신보)은 농업후계자나 농업 전문교육 이수 대상자에게 정부 정책적으로 지원되는 보증으로, 선정된 대상자에 대해 보증지원기준을 완화해 보증지원을 결정하는 정책자금이다. 후계농업경영인 육성자금은 농업발전을 이끌 농업인력을 육성하기 위한 자금이다. 만 18세 이상 50세 미만으로 영농 경력이 없거나 10

년 이하면 된다. 농업 관련 고등학교나 대학을 졸업하고 시·군·구에서 인정한 농업 교육기관에서 교육을 이수해야 한다. 자금은 농지 구입, 임차, 비닐하우스, 시설 설치 등에 쓸 수 있다.

청년 농업인 지원 사업은 창업농업인 육성자금인 경우는 청년 후계 농 영농 정착 지원 사업을 통해 창업 자금 융자, 영농 기술, 경영 교육, 농지 임대, 농지 매매 등을 연계해 지원한다. 만 18세 이상 만 40세 미만으로 독립 경영 3년 이하인(독립 경영 예정자 포함) 자다. 영농 경력이 없거나 종사한 지 3년 이하여야 한다. 사업 대상자로 선정되면 3년간 월 최대 100만 원(독립 경영 1년 차 월 100만 원, 2년 차 90만 원, 3년 차 월 80만 원)을 받는다. 청년창업형 후계농 자금 지원(세대당 3억 원 한도(융자) 5년 거치 10년 분할 상환, 연리 2%)도 받을 수 있다.

단, 주의할 사항이 있다. 정책자금으로 구입한 농지나 시설은 행정 기관 승인 없이 매매나 이전을 하면 대출금을 회수하게 된다. 또 일정 기간 동안 정책자금 지원 제한 조치를 받을 수 있다. 농지를 구입했을 경우 반드시 본인 명의로 등기해야 한다. 배우자나 다른 사람 명의로 등기하거나 공동명의나 공동지분 소유권 이전이 불가능하다.

청년농부, 창업농업, 기반구축지원 사업으로 200만 원(보조 70%, 자부담 30%)을 보조하고 있다. 만 18세부터 39세에 해당하는 자로서 농업 경영체에 등록되어 있어야 한다. 사업 내용은 농특산물 생산, 유통, 제조, 가공, 체험, 전시 등에 필요한 시설 구축 및 장비 구입, 제품 및 브랜드 개발, 포장 디자인 개발 등을 지원하고 있다.

최근 젊은 층을 중심으로 나 홀로 귀농 현상이 늘고 있다. 농림축산식품부에 따르면, 지난해 도시를 떠나 농촌으로 간 귀농 가구 중 72%는 1인 가구인 것으로 나타났다. 청년농업 CEO 농어촌 진흥기금으로 세대당 200백만 원 이내로 융자를 신청할 수 있다. 만 39세 이하 청년농업인으로 농업경영체를 등록해야 한다. 사업 내용은 하우스 설치, 과원 조성, 묘목 및 종근 구입, 저장 시설 설치 등이다. 시설자금은 연리 1%, 3년 거치 7년 균등분할상환사업이다. 운영자금은 연리 1%, 2년 거치 3년 균등분할상환해야 한다.

농업경영체 등록 신청 자격은 농작물 재배 시 1,000㎡ 이상의 농지에 농작물 재배, 660㎡ 이상의 농지에 채소, 과실, 화훼작물(임업용 제외) 330㎡ 이상의 재배 농지에 공정식 온실, 버섯 재배사, 비닐하우스 시설을 설치해 농작물을 재배하고, 농산물 연간 판매액 120만 원 이상, 연 90일 이상 농업종사자다.

농업경영체에는 다양한 혜택들이 있다. 농업용 농기계에 대한 면세유(농업용 차량, 트랙터, 이앙기, 경운기)를 지원한다. 국민연금 보조 혜택과 건강보험료가 50% 감면된다. 농업이 교육비 부담 경감을 목적으로 농업인 자녀 및 농업 후계 인력에게 장학금을 지원한다. 농업직불금을 받을 수 있다. 8년 이상 자경 후 농지 매매 시 양도소득세를 감면받을 수 있다.

신청기관은 농업인의 주민등록지 소재지의 농산물품질관리원 사무실이다. 농림사업정보시스템(www.agrix.go.kr)이나 정부24 홈페이지에서도 발급 가능하다. 농업경영체 신청 시 필요 서류는 신청서 농지 원부(면·동사무소 발행) 경작 사실 확인서(이장, 이웃 주민 확인도장), 농지 임대차 확인서도 가능하다.

최근 지자체나 지방정부에서 지원해주는 정책 사업이 늘고 있다. 친환경 청정도시 청도군 농정과는 귀농인들을 위한 다양한 정보 제공을 위해 '귀농귀촌담당' 부서를 새롭게 신설했다.

청도군 귀농·귀촌 종합지원센터에서는 상담을 통해 성공적인 귀농·귀촌 생활에 도움을 주고 있다. 센터에서 근무하는 분들은 1년 계약직인 귀농인들이다. 지방 지자체가 이러한 사업을 하는 것은 일자리 창출이나 지역 활성화에 도움이 되고 지자체의 발전 역량과 새로운 창조력을 만든다.

도시에서의 삶은 팍팍했다. 경쟁하지 않으면 살아남을 수 없고, 그 범위 안에 들어가기 위해 안간힘을 쓴다. 혼자서 무언가를 한다는 것은 대단한 용기다. 처음에는 할 수 없을 것 같은 두려움이 있었지만, 귀농에 필요한 귀농 정책 지원금을 활용했다. 농업기술, 농촌 생활, 문화 등의 이론과 함께 다양한 현장 경험을 통해 필요한 기술을 습득해 지금은 뭐든지 할 수 있다.

03

충분한 경험을 축적해
보조자금 활용하기

살얼음으로 얇게 덮인 연못 위에 하얗게 내린 서리가 햇빛에 반사되어 영롱하다. "서리가 내린 날은 따뜻하다"라고 한 어르신들의 말처럼 오후부터 전형적인 봄날의 기운을 느낀다. 봄맞이 대명사 냉이가 꽁꽁 언 땅에서 삐죽하게 얼굴을 내밀고 있다. 농촌의 봄은 한 해 농사의 시작이다. '봄날 하루가 가을날 열흘 맞잡이'라는 말이 있다. 봄철의 농사 준비는 가을 수확에 큰 영향을 준다. 그래서 봄은 어느 절기보다 가장 바쁘게 움직이는 계절이다.

본격적인 영농 철을 맞는 농촌 현장에 한숨 소리가 가득하다. 비료, 비닐, 파이프, 포장재, 사룟값, 임차료, 인건비가 급등했다. 이어서 농업용 유류값까지, 모든 생산비가 폭등하고 있기 때문이다. 지난해부터 시작된 농업용 자잿값의 상승세는 올해 들어 계속 이어지고 있다. 비료뿐만 아니라 농약도 원료가격이 크게 오르고 있다. 그런데 오르지 않는 것이 있다. 양파, 겨울 채소, 쌀 등 농산물가격이다. 옆 농장에서 겨울 초를 뽑아 한 움큼 주고 간다. 내다 팔아봐야 비룟값도 나오지 않는데, 차라리 이렇게 이웃들에게 나눠주며 인심 쓰는 게 낫다고 한다. 농민들은 농사를 지어봐야 수지를 맞출 수 없는 게 현실이다.

대구 동구 팔공산 미나리는 전국적으로 유명하다. 친환경 무농약 미나리를 재배하는 김 대표는 농사 경력 40년의 베테랑 농부다. 고등학교에 다닐 때부터 아버지의 농사일을 거들었다. 그는 농업경영인 자금을 받아 한국농업경영인중앙연합회(한농연) 회원이 되었다. 팔공산 자락에 미나리 농사가 처음 들어온 것은 17년 전이다. 당시 신규 소득 작목으로 미나리는 꽤 고소득 작목이었다. 미나리는 한 단에 얼마라는 가격을 정해놓고 하는 농사라 메리트가 있었다.

미나리는 봄 미나리와 이식 미나리가 있다. 봄 미나리는 9월경에 씨를 넣어서 다음 해 2~3월 중에 수확한다. 이식 미나리는 씨에서 뿌리를 채취해 저온 창고에서 30일 이상 보관한다. 10월 말경 모내기하듯이 미나리 뿌리를 하나하나 심는다. 이식 미나리는 대가 굵고 식감이 아삭해 상품성이 좋다. 상품성이 좋은 만큼 높은 가격에 판매된다. 2월 중순까지 수확해서 판매한다. 이식 미나리는 봄 미나리에 비해 재배하는 데 손이 많이 간다. 인건비가 20배 정도 더 들지만 상품성이 월등히 좋다 보니 높은 가격을 받고 있다. 그의 농사 비법은 친환경인증을 받은 퇴비만 사용하는 데 있다고 한다. 재배 시에는 미생물 재제와 클로렐라, 아미노산 등 다양한 영양성분을 공급한다. 특히 관수할 때 유황 성분을 적절히 함께 공급하는 것도 중요하다. 또한, 시비량을 충분하지만 과하지 않게 적절히 조절하는 것이 핵심이라고 한다.

그는 미나리와 삼겹살을 함께 구워먹는 대구 미삼페스티벌을 제안했다. 2017~2019년까지 매년 3월에 대구 두류공원에서 축제를 개최했었다. 그 당시, 하루에 미나리 5,000단 이상을 판매하는 성과를 냈다. 지금은 방역 문제로 미삼페스티벌을 개최하지 못하지만 그 자리에 미나리 직판행사를 할 수 있도록 했다.

그는 농부의 아들로 태어나 어렸을 때부터 농사일을 도왔다. 부모님의 농사에 충분한 경험을 축적해 농사농업경영인 자금을 받아 활용해 우수 농업경영인이 되었다. 정책 지원을 받으면 아무래도 힘이 덜 들고 비용 부담도 낮출 수 있다. 교육부터 창업까지 장기 저리로 제공하는 정부 정책 자금과 보조금이 다양하다. 지자체별 지원정책이 상이하므로 반드시 현장에서 확인해야 한다.

다음은 농촌진흥청에서 발표한 2022년 국고보조금 사업별 내용이다.

- 보조사업명으로 농촌 가치 확산 기술지원이다. 교부액 자체 단체 2,790백만 원이다. 농촌의 가치를 높이는 농경 문화, 치유 자원을 활용한 지역 공동체 활성화 및 농촌의 지속 가능성 확보를 목적

으로 한다. 매칭 비율은 국비 40~50%, 지방비 40~50%, 사업 기간 2022년 1월~12월, 지원방식은 자치단체 보조다.

• 보조사업명으로 스마트 영농지원체계 구축이다. 교부액 자체 단체 4,506백만 원이다. 목적은 ICT, AI 등 4차산업혁명 기술과 빅데이터의 농업적 현장 활용 거점기반을 마련하고 디지털기술 및 수익모델 확산 등 영농지원 강화를 목적으로 한다. 매칭 비율은 국비 50%, 지방비 50%, 사업 기간 2022년 1~12월, 지원 방식은 자치단체 보조다. 성과 정보로 스마트농업, 교육장 조성, 스마트팜 농가 생산성 향상률이다.

• 보조사업명으로 신기술 보급 사업이다. 교부액 자체 단체 47,089백만 원, 민간 650백만 원이다. 목적은 시험연구결과, 개발된 신기술에 대한 농가 실증시범사업비 지원으로, 새로운 농사기술의 확산을 목적으로 한다. 매칭 비율은 국비 50%, 지방비 50%. 민간 보조 국비 100%, 사업 기간 2022년 1~12월, 지원 방식은 자치단체 보조다.

• 보조사업명으로 농식품 가공체험 기술 보급이다. 교부액 자체 단체 8,175백만 원이다. 목적은 농촌의 인적· 물적·문화적 자원을 활용해 농촌 지역 농업인의 삶의 질을 향상시킨다. 지역농산물 가공, 향토음식 자원화 등 농업인의 소득 활동을 지원해 농산물 부가가치 증진과 농가소득 증대를 목적으로 한다. 매칭 비율은 국비

50%, 지방비 50%, 사업 기간 2022년 1~12월, 지원방식은 자치
단체 보조다.

• 보조사업명으로 농업 전문인력 양성이다. 교부액 자체 단체
14,795백만 원, 민간 1,197백만 원이다. 목적은 농업인의 교육 과
정을 개설하고, 영농 현장에 필요한 지식·기술·경영에 대한 전문
능력 향상이다. 농업인 생산자 조직체 육성 및 청년농업인 영농정
착 지원 등을 목적으로 한다. 매칭 비율은 국비 50%, 지방비 50%,
사업 기간 2022년 1~12월, 지원 방식은 자치단체 보조다(도 농업기
술원 및 시군 농업기술센터 465개소). 민간보조는 한국4-H본부, 한국농촌
지도자중앙연합회, 한국생활개선중앙연합회다.
성과 정보로는 전문화된 기술 교육을 통한 차세대 정예농업인 육
성과 농업인대학 교육을 통한 농업인의 만족도 향상을 위한 교육
지원이다.

• 보조사업명으로 농가 경영개선 지원이다. 교부액 자체 단체
4,347백만 원이다. 목적은 농업경영체 자립역량 향상을 위한 경
영 개선 교육 및 컨설팅 추진으로, 농가소득 증대를 목적으로 한
다. 매칭 비율은 국비 50~70%, 지방비 30~50%, 사업 기간 2022
년 1~12월, 지원방식은 자치단체 보조다. 강소농 사업관리 및 평
가, 청년농업인 경영진단 분석, 컨설팅, 귀농창업 활성화 지원이
다.

- 보조사업명으로 과학영농현장기술지원이다. 교부액 자체 단체 13,825백만 원이다. 목적은 종합검정실, 농산물안전분석실 등 첨단 과학영농시설을 활용해 영농 현장에서 농업인이 겪고 있는 애로사항 등을 해결한다. 정부 정책사업(공익직불제, 친환경, GAP, 가축분뇨처리 등) 지원 및 안전한 먹거리 생산체계 구축으로 중앙정부 정책 지원과 개발기술 보급사업을 추진하는 것이 목적이다. 매칭 비율은 국비 50%, 지방비 50%, 사업 기간 2022년 1~12월, 지원방식은 자치단체 보조다. 토양 검정 적정 시기 처방, 농산물 생산단계 안전성 등을 지원한다.

- 보조사업명으로 농업기계 안전교육 사업이다. 교부액 자체 단체 2,087백만 원이다. 목적은 지방농촌진흥기관에 농업기계 교육 및 교육용 농업기계를 지원해 첨단화·자동화되고 있는 농업기계의 효율적 활용과 영농적기 실현 및 농업인의 소중한 생명과 재산 보호를 위한 목적이다. 매칭 비율은 국비 50%, 지방비 50%, 사업 기간 2022년 1~12월, 지원 방식은 자치단체 보조다. 농업기계 활용 향상을 위한 체계화된 기초이론과 실습 중심의 교육 운영으로 전문 인력 양성 및 농업기계 안전사고 예방을 지원한다.

귀농하려는 사람들은 발품을 팔아야 한다. 먼저 그 지역에 귀농한 사람들을 만나 그들의 경험담을 들어보자. 지피지기백전백승(知彼知己 百戰百勝)이다. 조금 늦게 시작한다고 생각하고 먼저 충분한 계획을 세워야 한다. 충분한 경험을 쌓으면서 보조자금을 활용해 땅을 구입해도 늦지 않다.

 귀농 후 바로 농사를 짓기 위한 장비가 필요했다. 당시 임대사업소도 개설되지 않아 농기계를 구입해야만 했다. 제일 먼저 구입한 것이 SS기계였다. 봄철에 꽃이 필 무렵에는 먼저 방제를 해야 한다. 지원금, 보조금, 그 어느 것도 자격여건이 되지 않았다. 농촌에 사는 사람들은 금융비용이 대부분 있다고들 한다. 부채도 자산이라고 하듯이 은행 돈이 내 돈이라고 하는 것이다. 농사짓는 마을 주민들이 모였다. 개인에게 지원되는 것은 아니지만 마을 단위로 지원되는 보조사업이 있었다. 마을 사람들이 모여 심지 뽑기를 한다고 했다. 밭작물을 갈려면 관리기가 필요했으나, 추첨을 통해 누가 받을 수 있는지 흥미로웠다. 꼭 필요한 사람에게 돌아오게 되었는지 내가 당첨되었다. 처음으로 40%를 보조받아 구입한 관리기였다.

 보조금은 알면 찾아 먹고, 모르면 못 찾아 먹는다는 것을 알았다. 연초에 지역 시·군청 홈페이지 공고를 잘 살펴보면 정부 도·군청의 보조 지원금을 받을 수 있다. 지역에 따라 40~50%, 90%까지 도움을 받을 수 있다.
 과일을 수확하고 보관하기 위한 저온 저장고와 저온 냉동고를 보조사업으로 신청해 설치했다. 충분한 경험을 축적해 보조자금을 활용하면 귀농 생활에 많은 도움이 된다.

04

지역 농산물을 활용해
농촌 공동체 만들기

꽃 피는 산골의 아름다운 풍경은 자연의 생명력을 온전히 느낄 수 있게 한다. 마을 어귀에 들어서면서 새색시 얼굴처럼 수줍게 웃으며 반겨주고 있는 감나무를 만난다. 산에도 들에도 온통 붉은 감이 주렁주렁 달려 있어 마치 엄마 품처럼 마음이 포근해진다. 농촌의 가을은 온갖 곡식과 과일, 농작물을 수확할 수 있어 사계절 중 가장 풍요로운 계절이다.

세계에서 유일하게 씨가 없는 감은 청도의 반시 감이다. 대부분의 열매에는 씨가 있지만 청도 반시에는 씨가 없다. 청도 감이 씨가 없는 이유로 농업기술센터 교육을 받으면서 들은 이야기는 청도 반시는 암꽃만 맺는 감나무 수꽃으로 지역 내에 수꽃을 맺는 감나무가 없어 수정되지 않아 씨가 생기지 않는다고 한다. 분지 형태의 산간 지형인 청도 지역은 일교차가 심하고 강수량이 적어 일반 감나무를 심으면 씨 없는 감이 된다. 하지만 청도 반시를 타 지역에 옮겨 심으면 다시 씨가 생긴다고 한다. 기후의 변화 등으로 반시의 씨앗이 필요할 때 반시는 스스로 씨를 만들어 번식한다고 한다.

지역 특산물인 청도 반시를 홍보하기 위해 군에서 주최하고 한국 농업 경영인 청도군 연합회에서 주관해 매년 10월에 지역축제를 열고 있다. 국내에서 유일하게 씨 없는 감을 소재로 하는 축제는 사업단에서 나와 농가 주민들과 함께 홍시, 가공한 감말랭이, 반만 말린 반건시, 곶감, 감식초, 감와인, 아이스홍시 등을 홍보, 판매하고 있다.

농업기술센터의 가공창업 아카데미 교육을 통해 감을 따다가 떨어져 상처 나고 작고 못난이 감들을 이용해 감말랭이 만드는 작업을 하는 농촌공동체가 형성되어 있다. 지역 농산물 반시 감으로 장아찌, 고추장 무침으로 만들기도 하고 김장할 때 단맛을 내는 홍시를 넣기도 한다. 카페에서 새콤달콤한 홍시 스무디와 감말랭이 크림치즈 카나페, 감말랭이 크림요거트를 만들어 판매한다. 지역 농산물을 활용해 다양한 먹거리를 만들어 농가 수익을 올리고 있다.

'감' 하면 빼놓을 수 없는 것이 바로 감 천연 염색이다. 옛날부터 감물이 들면 뺄 수 없다고 했다. 감물 염색은 풋감(떫은 감)에 탄닌 성분이 공기에 닿아 산화 발색해 적갈색을 띠며 방부의 성질을 지니고 있어 생활복으로 사용한다. 여름철에 입는 러닝 셔츠를 풋감으로 염색해서

입으면 땀 냄새가 나지 않는다고 한다. 청도의 맑고 깨끗한 물, 공기, 햇볕은 마음을 설레게 한다는 시설렘(siseolem) 브랜드다. 사람의 마음을 설레게 하는 아름답고 훌륭한 빛깔의 천연염색 작품이 완성된다는 의미다. 시설렘 심볼마크도 감 모양 단면의 이미지로 되어 있다. 청도의 아름다운 천연염색 제품을 소중히 간직할 수 있도록 하자는 뜻이란다.

청도에 내려온 지 6년째 되는 염색쟁이 보험은 한가한 날이 없다. 전기산업기사로 직장 생활을 하다 예술가의 어머니처럼 자유로운 직업으로 이직했다. 감나무랑 석류나무가 심어진 106년 된 시골집으로 귀농했다. 여름엔 잔디 잡초 베느라 바쁘고 가을엔 감물, 쪽, 밤, 도토리 등 각종 염재들을 수확하고 준비하느라 굉장히 바쁘게 보낸다. 겨울엔 장작 땔감 잘라 불 지피느라 바쁘게 사는 가배브라운의 대표다.

천연염색의 염재로 쓰는 재료는 무궁무진하다. 작년 11월에 밀양 연꽃단지에 가서 따온 천연수세미들을 염색했다. 쪽, 치자, 석류, 커피, 홍화 등 여덟 가지 색상으로 모조리 염색해 롤케익처럼 7cm 간격으로 잘라놓았다. 시각과 미각의 조화가 이루어졌다. 색상도 너무 예쁘지만, 입안에 군침이 돌아 식욕이 느껴졌다. 설거지할 때 써보니 세제도 적게 사용하고 미세플라스틱도 나오지 않는 친환경 수세미였다. 염색동호인들의 모임으로 농촌 공동체를 꾸려 활발하게 활동하고 있다.

향긋한 향이 진한 미나리는 청도의 1등 특산물이다. 1월에 수확하기 시작해 3~5월까지가 제철이다. 농업기술센터에서 함께 교육받은 한 대표는 서울에서 남편과 함께 귀농했다. 건설업에 종사하던 남편이 만성피로가 누적된 상태에서 시골에서 농사짓고 살고 싶다고 말해 무턱대고 청도로 내려왔다고 한다. 농사에 대한 계획보다는 남들도 하는데 난들 못하겠나 싶어 선택한 작물이 미나리였다. 하우스를 임대해서 미나리 재배를 시작하기까지 무척 고생했다. 한재 미나리는 생식 위주로 하는 재배라 1년에 한 번 수확한다. 미나리를 찾는 사람들이 많아지면서 농사 규모를 늘리기 시작했다. 그러다 영화〈미나리〉의 흥행으로 미나리 주문이 많아 새벽부터 지하수로 세척해 1kg씩 담아 포장하느라 굉장히 바쁘게 보냈다.

미나리 생산지로 알려진 청도 한재 미나리는 최초로 무농약 재배품질 인증을 받았다. 미나리가 유명해지면서 미나리 재배 농가들이 모인 작목반이 결성되었다. 작목반은 한재 미나리 재배단지를 중심으로 이루어졌다. 친환경 고품질의 미나리를 생산함으로써 한재 미나리가 농가뿐만 아니라 청도군의 주요 소득원으로 자리 잡아가고 있다. 영농조합법인이 모여 청도 한재 미나리 생산자 연합회를 발족하고, 연합회는 한재 미나리 클러스터 사업으로 한재 미나리를 이용한 농촌 공동체를 만들어가고 있다.

가족농에 의한 지역농산물을 활용해 안전하고 건강한 먹거리를 공급하는 로컬푸드 매장이 점점 늘고 있다. 장거리 수송 및 다단계 유통과정을 거치지 않고 지역에서 생산된 농산물이다. 농민에게는 안정적

판로와 소득을 보장하고, 소비자에게는 신선하고 건강한 식탁을 책임지는 농특산물직판장이다. 생산과 소비를 통해 농업 농촌에 활력을 불어넣고 있다.

안전한 먹거리를 통해 건강을 지키기 위해서는 농부의 정직함이라는 신뢰가 바탕이 되어야 한다. 그 지역에서 생산한 농산물은 친환경적으로 재배해야 건강한 먹거리가 된다. 또 지역 고유의 특성에 맞게 자연 숙성의 맛을 살려 서두르지 않는 슬로푸드 먹거리여야 한다.

귀농하려면 지역사회와 마을공동체를 알아야 한다. 원주민들만의 규칙이 있고 공동체가 형성되어 있다. 일손이 부족한 시골에서는 서로 일을 돕고 마을 공동 작업을 같이한다.

'대추나무 사랑걸렸네'라는 말이 잘 어울리는 마을공동체가 있다. 감 따기 전에 대추를 털기 위해 예전 마을공동체 두레처럼 여기저기서 사람들이 모여든다. 털어놓은 대추들을 말려서 물에 깨끗하게 닦아 가위로 예쁘게 잘라 놓는다. 자른 대추를 다시 건조시켜 과자를 만들어 포장해 판매하는 과정에서 마을공동체가 형성되었다. 귀농인의 아이디어로 가공된 대추 과자를 만들기 시작했다. 명절선물용으로 대추 과자와 감말랭이를 종합포장해 판매하게 되었다. 한 사람의 아이디어로 지역농산물을 활용해 농촌 공동체가 형성되어 판매량도 늘리고 수익도 올리게 되었다. 대추씨를 활용해 겨울에는 계피와 함께 끓인 물을 차로 마시며 건강을 지키고 있다. 공동체 의식을 바탕으로 마을 단위의 두레가 형성되고 있다.

마을에서도 농업 6차산업에 대한 관심이 높아지고 있다. 1차산업은 자연에서 생산한 농업 기타 유무형의 자원, 2차산업은 특산품, 식품, 가공제조, 3차산업은 유통판매, 문화, 체험, 치유, 숙박, 관광서비스업이다. 이 모두 결합된 6차산업은 농촌 융복합산업이다. 농촌에 존재하는 모든 유무형의 자원을 바탕으로 연계된다. 새로운 부가가치를 창출하는 활동이 농촌 융복합산업이다. 지역농산물을 활용해 농촌 공동체를 만들어가고 있다. 농가소득도 올리고 함께 누리는 공동체의 기쁨을 인식하는 농업은 지속 가능한 미래산업이다.

농업은 무한한 가능성을 인지하고 새로운 기회에 도전하는 자만이 누릴 수 있는 특권이다.

05

직접 가지 않아도 판매가 이루어지는
로컬푸드 활용하기

농촌 사람들은 무릎, 어깨 관절 수술을 많이 한다. 쪼그려 앉아 일해서 그럴 수도 있고 나이 들어감에 연골이 마모된 경우다. 농촌 어르신들은 무릎 통증을 완화하기 위해 저녁 식사 후 야간 운동으로 걷기를 시작한다. 빠른 걸음으로 마을 한 바퀴를 걸으면서 친목도 다지고 정보도 교환한다. 무리하게 일하는 농사는 운동이 아니라 노동이다. 운동(위킹)과 농사(일)는 엄연히 다르다.

여성 농업인들은 매일 반복되는 농작물 관리를 위해 바쁘게 움직인다. 농사짓는 활동량으로 보면 당연히 다이어트가 된다고 생각한다. 그러나 보통 농장에서는 도와주신 분들과 고생했다며 삼겹살에 소주 한잔을 마시게 되고, 그렇게 시간이 지날수록 배 둘레만 늘어난다. 우리 마을의 중년 여성들은 건강을 지키기 위해 하루도 거르지 않고 매일 저녁 식사 후 마을회관 앞에 모여 걷는 게 일상이다.

도시에서 내려온 한 형님을 운동하면서 알게 되었다. 그 형님은 일찍 남편을 잃고, 외지에서 살다가 고향으로 들어왔다. 그 형님은 혼자서 소일거리로 시작한 작은 텃밭에서 꽤 짭짤한 수익을 내고 있었다. 현재 엽채소를 비롯한 각종 특수 야채를 심어 로컬푸드에 낸다고 한다. 함께 걷던 젊은 아낙들은 텃밭에서 나오는 채소도 로컬푸드에 낼 수 있는지 관심을 가진다. 대농일 경우에는 판로에 대한 걱정이 없다. 하지만 소농일 경우에는 직거래가 가장 좋은 방법이다. 그러나 직거래를 하지 못할 때는 수수료를 주더라도 로컬푸드 매장을 활용하는 것이 유리하다.

로컬푸드란, 식품 농산물을 생산한 지역에서 직접 소비하는 농산물을 말한다. 로컬푸드 운동은 생산자와 소비자 사이의 이동 거리를 단축시켜 식품의 신선도를 극대화시키자는 취지로 출발했다. 국내 최초로 전북 완주군에서 2008년에 농업·농촌 활성화 정책으로 로컬푸드 사업을 추진해왔다. 완주군수의 적극적인 추진력으로 전국에서 가장 먼저 농민들이 생산한 농산물로 가공상품을 만들 수 있는 인프라를 조성했다.

지역 생산물의 지역 내 소비를 추구하는 로컬푸드는 생산자와 소비자 간의 유대를 형성한다. 생산자와 소비자의 신뢰를 기반으로 한 지역의 안전한 먹거리를 생산한다. 소규모 고령농원과 직거래를 통해 유통경로를 단축하고 시장에서 거래가 어려운 소량 상품, 비규격 상품을 판매하는 안정적인 판로가 된다. 로컬푸드는 생산, 유통, 가공, 소비 등으로 공급자와 소비자 간의 거리를 줄인다. 직접 가서 판매하지 않아도 거래할 수 있는 로컬푸드는 농촌 지역의 삶을 향상시키고 있다.

로컬푸드 사업을 시작하면서 가장 중요하게 생각한 점이 있다. 그것은 성실하게 농사짓는 농가에 판로를 연계해서 안정적인 수익을 창출하도록 하는 것이었다. 외지에 살다 귀농한 이들은 마트나 로컬푸드에 대한 이해력이 높아 관심만 있으면 쉽게 접근할 수 있다. 하지만 안타깝게도 농촌에서 농사만 짓고 살았던 어르신들은 로컬푸드에 대한 관심이 아직 그리 높지 않다.

농촌은 5일에 한 번씩 장이 선다. 장날은 그야말로 동네 어르신들의 날이기도 하다. 할머니들이 직접 지은 농작물들을 펼쳐놓고 이른 아침부터 장사를 시작하신다. 한편 마을 어르신들은 깔끔한 복장에 나름대로 멋을 내 버스 정류장에서 버스를 기다리신다. 이날만큼은 땅에 얽매이지 않고 자유로운 시간이 된다.

농촌에서의 장날은 시끌벅적한 재래시장의 모습이다. 카세트에서 흘러나오는 트로트는 장날의 흥미를 한층 더 돋운다. 풀빵 굽는 아저씨의 손놀림이 예사롭지 않다. 그 앞에 늘어선 줄에 눈길이 간다. 붕어빵보다 풀빵이 더 인기가 있어 보인다. 보따리에서 주섬주섬 펼치는 어르신은 직접 키운 나물이라고 지나가는 사람들에 손짓하며 호객을 한다. 어떤 이들은 농촌에는 사람은 없고 땅만 있다고 했지만, 장날에는 사람들에 치여 걸어 다니기 힘들 정도다. 이곳에서 어르신들이 판매하는 농산물에는 정이 담긴 덤이 있다. 우리 옛 재래시장의 정취를 고스란히 느낄 수 있다.

　마을에서 콩 농사를 짓는 할머니는 몇 날 며칠 동안 콩을 털기 시작한다. 장날이 되면 콩 한 되씩 비닐봉지에 담아 팔러 가신다. 장날에 다 팔지 못한 콩을 메고 돌아오는 길에 외지에서 들어온 형님을 만났다. 장날에 다 소비하지 못한 콩을 어디에 팔까 걱정하기에 로컬푸드에 대해 자세하게 설명해주었다. 하지만 소량 판매에 대한 인식이 부족한 어르신들은 장에 파는 물건과 매장에서 파는 물건을 다르게 생각한다. 포장도 그렇고 여러 가지로 신경이 쓰여서 귀찮다고 한다. 시작이 반이라고, 해보면 안다고 하면서 차근차근 가르쳐주었다.

　로컬푸드 매장에서는 지역에서 생산되는 농산물을 갖다 주면 매장에서 판매해주기 때문에 매장에 가 있을 필요가 없다. 일단 밭작물부터 내보내보기로 했다. 처음에는 파, 상추, 가지, 고추, 머위, 고구마 등 텃밭에서 가꾼 작물을 소포장해서 로컬푸드 매장에 진열했다. 믿을 수 있는 농산물을 더욱 저렴하게 구입할 수 있는 직거래 매장에서의 거래는 활발했다. 입금도 바로 시켜주었다. 장터에서는 내 물건을 내가 팔아야 하는데, 로컬푸드에서는 그 시간을 절약할 수 있다. 이 어르신은 로컬푸드를 새롭게 인식했다.

안정적인 판로 덕분에 소규모 농가들은 안정적인 소득을 올리게 되었다. 1차산업 생산에서 2차산업 가공까지 다양한 품목을 생산하는데 주력하고 있다. 소비하고 남은 농산물은 건조하기 시작했다. 고추부각, 고구마순, 시래기, 호박고지, 무말랭이 등을 건조시켜 가공한 농산물도 로컬푸드를 활용해 농가의 부가가치를 높이고 있다. 약소농이던 농가는 강소농으로 발돋움하기 시작한다.

기존의 농업인들에게는 익숙해서 보이지 않던 것들이 귀농인의 시각에서 새롭게 재탄생된 것이다. 로컬푸드는 소비자와 대면하는 오프라인 플랫폼의 역할을 하고 있다. 로컬푸드는 생산자가 그날 수확한 농산물을 소비자에게 바로 공급할 수 있는 직거래 방식이다. 또 누가 생산한 농산물인지 확인도 가능하다. 신선한 농산물을 합리적인 가격으로 중간상인을 거치지 않고 지자체에서 운영하는 로컬푸드의 수수료는 7~12%로 조금씩 다를 수 있다. 지역 먹거리 종합계획의 형태로 대량생산 및 복잡한 유통체계의 사각지대를 보완하는 사업이다. 도시와 농촌의 활성화를 위한 마중물 역할을 하는 로컬푸드는 사회통합의 가치를 창출하고 있다.

최봉섭 미래농정국장은 "농산물을 생산하는 텃밭에서 소비하는 식탁까지 유통과정을 면밀히 살펴 농민들이 정성껏 키운 농산물이 제값을 받으며 판로 걱정 없이 농사에만 전념할 수 있도록 하겠다"라고 말하며 "소비자들은 신선하고 안전한 먹거리를 섭취할 수 있도록 하는 선순환 체계를 지역 농업발전을 위해 최선을 다하겠다"라고 덧붙였다.

직접 가지 않아도 판매가 이루어지는 로컬푸드 매장 활용은 단순히 먹거리를 판매하는 공간이 아닌, 농업인과 지역주민과의 소통을 통한 농업의 지속 가능한 터전이다.

도농 교류의 관계, 생산자와 소비자의 관계, 농사꾼과 로컬푸드와의 관계에서 한책협과의 관계를 본다. 감정표출이 적었던 나는 어렸을 때부터 일기를 썼다. 나만의 비밀 노트로, 슬프고, 화나고, 짜증 나고, 기쁠 땐 어김없이 낙서를 했다. 나만의 비밀 노트는 혼자 있는 방이 되었다. 그렇게 시간이 지나면서 글을 쓰고 싶었다. 하지만 작가의 꿈을 꾸면서도 어떻게 해야 작가가 될 수 있는지 몰랐다.

그러던 어느 날, 우연히 김도사의 유튜브 영상을 보다가 오아시스 같은 시원한 전율을 느꼈다. 김도사의 "독서는 자기계발의 시작이지만 책 쓰기는 자기계발의 끝이다"라는 말에 정신이 확 들었다. 지금부터 자기계발을 끝내고 싶다는 생각이 들었다. 당장 어렸을 적 꿈을 이루고 싶었다. 이 순간 결정하지 않으면 아무것도 할 수 없다고 생각했다. 그렇게 문을 두드린 곳이 '한책협'이다. 5주 책 쓰기 과정 후 출판사와 계약을 맺었다. 꿈으로만 꿔오던 상상 같은 일들이 현실이 되었다.

책 쓰기 코치로 11년 동안 1,100명 작가로 배출했고, 현재 200억 원 자산가인 김태광 대표의 가르침은 남다르다. 쉽게 가르친다. 늘 "책을 쓰는 목적은 나 자신을 변화시키고, 인생을 변화시키고 세상 사람들의 일부라도 변화시키기 위함이다"라고 말씀하신다. 나는 이 말씀을 따르기 위해 노력했고, 이렇게 실행할 수 있었다.

농업 외 자신의 특기를 발굴해 소득으로 연결하기

이른 아침, 부지런히 합천 해인사로 향한다. 오늘은 농촌힐링지도사 2급 지도사 양성 과정으로 중년여성농업인 CEO가 함께하는 자리다. 좋은 상품을 생산해도 고객에 대한 배려가 없고 불친절하면 고객은 우리를 찾지 않는다. 농촌 서비스의 필요성에 대한 첫 강의가 시작된다. 서비스는 생산과 소비가 동시에 일어난다. 사회적 존재인 인간은 권리와 인격을 존중하며 상대방을 배려하는 것이 필요하다. 서비스 마인드가 없으면 원만한 인간관계가 형성되지 않는다. 그뿐만 아니라 기업과 고객 간의 관계가 지속해서 유지되기 어렵다. 아무리 좋은 상품을 생산해낸다고 하더라도 고객에 대한 배려가 없고 불친절하다면 고객은 외면한다. 고객의 감성에 호소하고 그들을 움직일 수 있는 개별적 맞춤 서비스가 필요하다.

'아는 만큼 보인다'라는 말이 있다. 하지만 곰곰이 생각해보면 아는 만큼 보는 것도 중요하지만, 아는 것을 내 것으로 만드는 것이 더 중요하다. 아는 것만큼 행할 수 있을 때 비로소 내 것이 된다. 경남대학교 건강항노화센터에서 실시한 2018웰니스관광 전문인력 양성 과정 중 약초차힐리스트 2급과 걷기힐리스트 2급 자격을 취득했다. 국내 약초차의 명인 윤대표가 운영하는 청강원에서 약초차와 법제 이론과 실습을 통해 차가 되는 약초와 구증구포에 대해 배웠다. 약초차힐리스트는 개인의 취향, 건강, 체질에 따라 부작용이 없게끔 약초차를 추천해줄 수 있는 전문가다. 약초차의 종류와 효능을 이해하고 개인의 특성을 분석할 수 있어야 한다.

농촌의 봄은 농부에게는 분주하고 바쁘다. 한 해 농사를 시작하는 힘겨운 노동이 시작된다. 계속되는 과수나무 전정으로 인해 얼굴이 까맣게 탔다. 방목하는 닭들의 날갯짓이 요란하다. 3개월 된 강아지 세 마리들에게 농장이 놀이터가 되었다. 마른 잡초에 뒤덮여 있는 새순들은 그 사이로 비집고 나오려고 안간힘을 쓴다. 몰라서 지나치게 되는 주변에 있는 봄나물들은 보약이다. 취나물, 머위, 냉이, 고들빼기, 두릅, 엄나무순, 오가피순 등이 슬슬 움튼다. 땅속에 뿌리를 숨겨둔 채 겨울의 혹독한 추위를 견디다가 봄이 되면 얼어붙은 땅 위로 제일 먼저 파릇파릇 새싹을 틔운 쑥은 봄이 왔음을 알려준다.

커다란 가마솥에 엄나무, 오가피, 뽕나무, 대추 등을 넣고 끓이기 시작한다. 성당 레지오 단체에서 쑥을 캐러 온다고 점심 식사를 준비했다. 부글부글 끓어오르는 약초에 오리와 전복을 넣고 보양식 오리백숙을 만들고 있다. 노란색 미니버스가 도착하자 중장년 어르신들은 준비해온 칼과 커다란 비닐봉지를 들고 삼삼오오 짝지어 앉아 쑥을 캐기 시작한다. 누가 더 많이 뜯었는지 시합하는 것 같다. 식사 전에 캐온 쑥은 상상을 초월한다. 엑기스를 담기 위해 많이 뜯었다고 하면서 쑥스럽게 웃기도 한다. 쑥떡을 만들어 봉사 단체에 돌린다고 하시는 분도 계시고 삶아놓고 1년 내내 약처럼 먹을 거라고 하는 분도 계셨다.

점심 식사를 마치고 황토방에서 찜질하면서 할머니들의 수다가 시작되었다. 건강한 먹거리로 사람도 살리는 이곳이 치유의 장소라고들 한다. 아름다운 풍광을 보고 마음의 평화로움을 느낄 수 있는 곳이다. 자연의 향기 시골밥상은 꿩 먹고 알 먹는 건강을 챙길 수 있다. 많은 사람들이 이곳에 와서 산길을 따라 걸으면서 자신을 돌아볼 수 있는 산책도 하고, 땀도 빼고 수다도 떨고 스트레스도 풀면서 즐길 수 있는 찜질방이 있어 기억에 남는다고 했다. 가실 때는 드시고 남은 백숙과 죽을 담아 나누어 드린다. 떠남을 아쉬워하며 나중에 다시 찾아오겠다고 한다.

봄부터 시작되는 농장은 외부인들의 발걸음이 끊이지 않는다. 진심을 다해 고객에게 기쁨과 감동으로 줄 수 있도록 노력하면, 고객의 만족도는 훗날 지지자가 되고 동업자가 된다.

친구들에게 "은퇴 후 귀농할 거야"라고 말하면 하나같이 "시골을 몰라서 귀농한다고 하는데 농사가 얼마나 힘든지 해보지 않으면 몰라"라고 말한다. 시골에서 살았던 친구는 "보리쌀 서 말만 있으면 시골에서 안 산다"라 한다. 무슨 말인지 정확히는 모르겠지만, 농사가 힘든 것은 맞다. 그런데 농사는 힘으로 짓는 게 아니다. 지금껏 다양한 분야에 종사하던 전문 분야의 특기를 살려 경제활동을 해야 한다. 그래서 정착 초기에는 단기간에 안정적인 소득을 올리기가 쉽지 않다.

마을의 건축업자가 된 농민의 이야기를 하려고 한다. 농사짓는 가난한 부모님의 모습을 보고 자란 그는 농사가 싫었다. 하지만 농촌을 떠나지 않은 그는 농사를 지을 수밖에 없었고, 부모님이 물려주신 땅에 농사를 짓게 된다. 그러나 농사만 지으며 살기는 싫어서 그는 건축일을 배우면서 보일러 전문가가 되었다. 농촌의 겨울은 유난히 더 춥다. 보일러가 터지면 마을 사람들은 시간을 가리지 않고 그를 찾는다. 그는 마을 어르신들을 부모님처럼 생각하고 친절하게 대했다. 그의 성실함과 신속함에 주민들은 건축업까지 맡겼다. 현재 그는 창고, 집수리는 물론, 귀농인들의 전원주택도 짓고 있다. 농사에 매달리지 않고 자신의 특기를 발굴해 농업 외의 소득을 올릴 수 있게 된 것이다.

귀농 가구의 농외 경제활동 실태조사에서 귀농 후 전업농은 54.7% 이고 농외 활동 겸업은 45.3%였다. 그럼 귀농한 사람들이 왜 경제활동을 하는지 그 이유를 물었다. 결과는 농업 소득이 적어서(72.9%), 농사일이 힘들어서(1.9%)로 나왔다. 1998년 IMF 외환위기 이후에는 실직자가 늘면서 생계 목적이나 현실도피처로 귀농을 선택했다. 그러나 지금은 도시에서의 각박한 틀에 박힌 삶을 벗어나기 위해 귀농을 선택한다. 그렇기에 자신의 전문성을 살려 다양한 직업을 가질 수 있다. 직업을 농업으로 아예 바꾸는 게 아니라 가치 있는 삶을 살아가기 위해 자신의 재능을 소득으로 연결시켜야 한다.

　지자체에서도 귀농인이 전문성을 발휘할 수 있도록 여러 가지를 지원하고 있다. 지인의 아들은 서울에서 사회복지사로 근무하다가 고향으로 내려왔다. 부모님의 농사일을 도우면서 청년 후계농업 영농정착 지원사업으로 기술경영 교육을 받기 시작했다. 그리고 영농 초기 소득이 불안정한 청년 농업인에게 지원하는 청년 후계농 영농정착지원금을 3년간(1년 차 3,240만 원 2년 차 2,040만 원, 3년 차 960만 원) 받았다.

　그러다 부모님의 농사기술과 고정관념으로 인해 부모님과의 마찰이 생긴 아들은 농사지을 수 있는 땅 300평을 분할받았다. 아버지가 짓는 농법과 본인이 지은 농법의 차이를 두고 싶었기 때문이다. 청년 농부 창농 기반 구축 사업으로 2억 원 지원에 자부담 30%를 지원받아 가공시설 판매장과 창고를 지어 김치공장으로 운영하고 있다. 아버지는 농업의 1차산업인 생산을 하고, 어머니는 2차산업으로 가공하고, 그 외 가족들은 3차산업인 유통판매를 하고 있으니 농업경영인이 되어가고 있다. 전혀 다른 분야에 종사하던 자녀가 농사의 역할 분담으로 지역 경제 활성화에 중요한 역할을 하게 된 것이다.

　은퇴 후 귀농하는 사람들은 대체로 소규모 영세농이다. 농업인 스스로 생산, 가공, 유통, 판매 등 다양한 유통 환경을 마련하고 소비자 대

응 방안을 고심해야 한다. 주작목 비중을 줄이고 농외소득의 생산량 증가로 경쟁력을 갖춰야 한다. 농촌과 도시의 장단점을 파악하고 농촌 생활의 장점을 토대로 농촌과 농업의 가치에 대한 이해를 심어야 한다.

귀농한 어느 부부는 부업으로 할 만한 일을 찾다가 민박과 같은 숙박업에 관심이 생겼다. 건축설계사인 아들의 도움을 받아 민박에 맞는 주택 구조로 집을 짓고 민박사업자 신고를 했다. 농촌의 문화와 시골 살이의 즐거움을 느낄 수 있는 인프라가 구축된 한적한 곳이다. 인공 지능처럼 버튼만으로 창이 어두워지고 밝아지거나, 누워서 밤하늘을 볼 수 있도록 지붕이 열렸다 닫힌다. 날로 발전하는 신기술들을 농촌에도 어렵지 않게 볼 수 있다.

농촌에서는 전문 직업인들의 경제 활동의 폭이 넓다. 친환경 병해충 방제 전문가, 도시농업 전문가, 노인돌봄 전문가, 환경에너지 제어관리 전문가 등 농촌에 맞는 자격증을 취득해 농업 외의 소득으로 연결할 길은 무궁무진하다.

귀농해서 하늘, 땅을 보며 열심히 농사를 짓다 보면 아무런 생각이 없어진다. 문득 '나의 꿈은 뭐였지? 글 쓰는 작가인데…' 마음의 소리가 꿈틀거렸다. 그렇게 나는 농사를 짓는 것 외에 작가의 길을 찾았다. 이 모든 것은 한책협의 김태광 대표 덕분이다. "나의 삶을 남에게 맡기지 않으려면 나의 생각을 표현하고 나의 생각을 꺼내야 합니다"라고 이야기하는 김태광 대표의 책 쓰기 특강을 통해 내 삶이 변화되었다. 한책협 김태광 대표님의 5주 책 쓰기 과정을 듣고 나의 꿈이 실현되었다. 나는 현재 세상의 중심의 되기 위해 낮에는 밭 농사짓고 밤에는 글 농사짓는 작가로, 그리고 1인 창업가로 농업 외의 소득을 올리고 있다.

자급자족으로 소량판매해
기반 다지기

날이 밝았다고 알려주는 우렁찬 수탉 울음소리에 농촌의 하루가 시작된다. 먼저 동물들의 상태를 살펴보고 사료들을 듬뿍 담아준다. 닭들이 콕콕거리며 찍어 먹는 소리는 어린아이들의 조잘거리는 소리처럼 들린다. 토종닭과 달리 청계닭은 짙은 회색 털에 왕관 벼슬이 까맣다. 일반 닭들보다 걸음걸이도 빠르고 경계심도 많다. 그런데 그런 청계닭이 갑자기 보이지 않았다. 산짐승이 잡아갔나, 매가 채어갔나 갑자기 어디로 사라졌는지 궁금해졌다.

닭들은 아침 먹고 닭장 안에서 꼼짝하지 않고 알을 낳는다. 의젓한 수탉은 자기 영역을 지키기 위해 한낮에도 운다. 수탉은 암탉들을 보호하며 무리를 지어 다닌다. 오후에 청계닭이 모이를 먹는 걸 보고 눈을 의심했다. 청계닭이 나타났다고 남편에게 알리는 동안에 또 사라졌다. 본격적으로 닭장 안을 수색하다가 찾았다. 톱밥 쌓아둔 틈으로 들어가 보니 청계닭의 병아리들이 보였다. 그동안 알을 품고 있어서 꼼짝하지 않고 있었던 것이다.

병아리들이 어미 닭을 졸졸 따라다니기 시작한다. 눈길을 뗄 수 없을 정도로 예쁘기만 하다. 병아리는 암수의 구분을 할 수 없을 정도로 생김새도 크기도 비슷하다. 그러다가 닭 볏이 나오기 시작하면서 성별이 구별된다. 듬직한 두 마리의 흰색 수탉과 암탉 두 마리가 60일이 지나면 알을 낳기 시작한다.

올해는 닭 울음소리에 농촌이 더 맛깔스럽게 느껴진다며 중년의 부부들은 농활의 기쁨을 수다로 푼다. 매년 야외행사로 부산 레지아 간부들의 부부모임을 농장에서 갖는다. 토종 시골 찬으로 푸짐한 식사를 마친 후에 자매님들은 밭에 나는 고추와 상추, 머위, 질경이를 뜯기 시작한다. 형제님들은 복숭아, 자두를 함께 따며 농장에서의 일손을 돕는다. 그러다 가볍게 산책로를 따라 걷기도 한다. 농장을 돌기도 하고 뒷산에 오르면서 도시에서의 복잡한 몸과 마음을 내려놓고 자신만의 시간을 갖는다. 닭 울음소리, 풀 소리, 바람 소리, 새소리, 시골의 정취가 마음의 평화를 주어 앉아만 있어도 힐링이 된다고 한다. 농촌에서의 하루해가 왜 이리 짧은지 가는 발걸음을 아쉬워한다. 여유가 되면 시골살이에 대한 꿈을 꾼단다. 농촌에 들어서면서 새롭게 다가오는 자연풍광은 자신을 낮아지게 한다고 한다.

부산에서 소년 단체장으로 9년간 보낸 나는 상급기관 회합에 참석하면서 부산, 울산 지역의 사람들과 교류하며 인적관계를 유지했다. 도심의 사람들은 귀농한 지인이 짓는 농산물은 무조건 믿고 먹는다. 젊은 사람들은 직접 와서 눈으로 확인한 후에 구입하는 사람들이 많다. 원산지를 알 수 없는 농축 수산물, 유전자변형 농산물(GMO)로 건강하고 안전한 먹거리를 찾게 된다. 이제는 친환경유기농업이 우리가 추구해야 할 미래지향적인 농업이다. 먹는다는 것은 건강한 삶을 유지하는 데 필요한 에너지를 얻는 일이기 때문이다.

　어느 주일 오후, 복숭아 따는 체험을 하고 싶다고 전화가 왔다. 젊은 부부가 어린 남매를 데리고 왔다. 아이들에게 복숭아를 직접 따는 체험을 하게 해주고 싶다고 한다. 부부는 결혼 전 울산에서 자랐기 때문에 농사에 대해 잘 안다면서 "여기는 쑥이 많아 벌레도 없고 모기도 없네요"라고 말했다. 복숭아 따는 모습을 찍어 나중에 영상으로 보내주었다. 부부는 여러 곳에 전화해봤지만, 아이들의 체험을 거절당했는데, 이곳만 받아주었다면서 고맙다고 체험비를 주고 싶다고 말한다. 체험비는 받지 않겠다고 하니 그만큼의 복숭아를 더 구매한다. 농장에 오는 분들에게 맛과 멋이 있어 언제든지 쉴 수 있는 곳으로 기억되고 싶다. 농촌의 가치를 알아달라고 하기보다 농민 스스로 농업 농촌의 가치를 높여야 한다.

　그냥 있어도 땀이 줄줄 흐르는 무더운 여름, 얼음 동동 띄운 감식초 한 잔으로 갈증이 해갈된다. 찾아오신 분이 감식초 맛이 다른 거 같다고 한다. "감식초는 어떻게 만들어요? 첨가물이 뭐예요?"라고 속사포로 묻기 시작한다. 보통 흔하게 먹는 감식초와 맛이 다르단다. 공기 좋은 곳이라 그런지 감식초 한 잔에 정신이 맑아지는 것 같다고들 한다. 감식초는 유기산 및 무기질 등 영양소가 풍부한 알칼리성 식품이다. 가을에 붉게 잘 익고 깨끗한 감(반시)을 꼭지 떼어 세척한 후 닦아서 발효 통에 담아둔다. 첨가물 없이 순수한 감만 2년 이상 밀봉시켜 자연 숙성시킨다.

밤낮의 기온차가 크고 일조량, 강우량, 토양 조건이 적합한 청도 반시는 당도와 육질이 좋다. 칼슘 이온 작용으로 유해산을 분해해 배출시킴으로써 숙취에도 도움을 주고 피부를 건강하게 한다. 매년 감식초를 만들어 처음 방문하시는 분들에게 주고 있다. 자급자족하는 농촌에서는 다양한 작물들로 소량 판매할 수 있어 좋다.

청도의 특산물 반시로 만든 감말랭이는 마을 곳곳에 농가의 소득을 올리고 있다. 감말랭이는 감의 껍질을 벗겨 조각내어 말려서 숙성시킨 곶감 종류다. 숙성시키고 말리는 과정에서 수분이 증발되어 쫄깃한 식감과 단맛이 일품이다. 건조과정을 거쳐 만든 감말랭이 영양성분이 일반 감보다 월등히 높아 선물용으로 많이 찾는다.

집 앞마당에 한 그루씩 심어져 있는 감은 마을 주민들에게 효자상품이다. 감은 부가가치가 높은 상품이다. 반시, 홍시, 말랭이, 식초, 곶감, 아이스홍시 등 다양한 상품으로 만든다. 겨울철 간식인 감말랭이를 한 번이라도 먹어본 사람들은 잊지 않고 계속 주문한다. 일반 농가에서는 감말랭이 경매장에 보내기도 하지만, 귀농인들은 직거래로 수익을 올리고 있다.

마을 주민들이 만드는 감말랭이의 방법은 다 달랐다. 과정도 결과도 맛도 차이가 있었다. 그래서 농민사관학교 반시 감 아카데미에 입학했다. 이론과 실습으로 배운 감말랭이의 종류는 세분화되어 있었다. 음식의 맛은 불에 따라 좌우된다고 하듯이 감말랭이를 잘 만들려면 기계가 좋아야 했다. 감말랭이 건조기가 따로 있었다. 건조 방법에 따라 색상도 다르고 식감이 달랐다. 지인들에게 감말랭이를 홍보하기 시작했다. 고객들의 입맛은 정확하다. 입소문은 꼬리에 꼬리를 물기 시작했다. 2021년 12월 서울에서 카네기 쇼핑몰행사 참석자 선물로 대량 주문이 들어왔다. 기념선물로 대중적인 떡과 지역농산물인 감말랭이를 놓고 직원들이 맛을 평가해 결정했다. 안타깝게 물량을 맞출 수 없어 지원하지 못했지만, 지역농산물의 가치를 알렸다.

4장

금전 중심의 도시를 떠나면
행복이 보인다

자연과 함께하는 여유 있는 삶은
우리가 꿈꾸는 미래다

오늘은 요 며칠간의 날씨와는 사뭇 다르게 쾌청하다. 영동고속도로를 달리다가 산과 바다가 감싸고 있는 옥계 휴게소에서 차 한 잔 마시고 속초로 향한다. 퇴직 후 처음 들어가는 연수원이다. 마이크를 잡고 귀농을 꿈꾸는 후배들에게 '내가 생각하는 농촌의 삶'에 대해 열정적으로 강의를 하고 있는 나를 그려본다.

내가 흥미를 느끼는 일, 좋아하는 일, 꼭 해야만 하는 일에 최선을 다해서 도전하고 싶었다. 나는 실패는 용납할 수는 있어도, 최선을 다하지 못한 결과를 받아들일 수 없는 성격이다. 그것이 나를 여기까지 이끌었다. 인문계 여고를 졸업하고 대학 전공도 공사의 업무와는 거리가 멀었다. 그래서 기본인 타자부터 배웠다. 본사의 민원실에서 근무하다가 남편 사업을 따라 경남지역본부로 발령받았다.

누군가 농사를 일컬어 '타이밍의 예술'이라 했다. 비 소식에 부지런히 씨를 심고 뿌리면, 농작물은 알아서 쑥쑥 자란다. 농사일은 하늘이 알아서 해주시는 것이고, 사람은 자기 몫을 다할 뿐이다. 처마 끝에서 빗방울이 떨어지는 소리를 들으면 왠지 푸근하다. 그 어디에도 얽매이지 않고 자연에서 자유롭게 살고 싶어 하는 귀농인들이 점점 늘고 있다.

나에게 시골의 삶은 푸른 초원 위의 그림 같은 집에서 사는 삶이었다. 사랑하는 사람과 둘이 오순도순 사는 삶이었다. 그런데 지금 그 상상했던 일들이 이루어졌다. 깨끗한 공기를 마시며 ALC친환경 건축공법으로 집을 짓고 남편과 함께 과수원 농사를 짓는다.

새벽을 깨우는 닭 울음소리에 작업복으로 갈아입고 가축들에게 사료를 주고 닭장 문을 열어준다. 닭을 방목하면 풀을 뜯어 먹고 벌레까지 잡아먹어 착한 농부의 역할도 한다. 닭이 매일 낳는 유정란은 영양식 재료까지 공급해주는 시골살이의 즐거움이다. 대형견 두 마리(래브라도 블랙리트리버, 골든리트리버)는 사람들을 좋아해 농장을 방문하는 손님들에게도 인기가 많다. 중견 진돗개는 뱀도 잡을 정도로 용맹하다. 사람과 함께 걷다가 재빠르게 뱀을 잡아 흔들어 던진다. 시골에서는 반려견의 역할도 크다.

친환경 방식으로 계분, 음식찌꺼기 등을 발효시킨 퇴비로 건강한 땅을 만든다. 씨앗을 심고 정성으로 길러낸 후 다시 씨앗을 받아 미래를 준비한다. 걷다 보면 이름 모를 야생화가 이곳저곳에서 손짓하며 부르고 있다. 작고 흔해서 사람들에게 짓밟히는 초록 풀들이 사람의 목숨을 구할 수 있는 약초가 되어준다. 그래서 자연은 위대하고 고귀하다. 금전 중심의 도시를 떠나면 행복이 보인다.

초등학교 교사였던 후배가 명퇴하고 급하게 우리 농촌에 찾아왔다. 뇌전증을 앓고 있어 아무것도 할 수 없다는 안타까운 말을 전해들었다. 한번은 갑자기 넘어져 침대 모서리에 부딪혀 머리도 다쳤단다. 하지만 농촌에서의 자연과 함께 여유 있는 삶은 그의 몸과 마음을 변화시켰다. 요즘은 취미로 서각도 하고 성경도 읽고 건강도 많이 좋아졌다. 가끔 언니 생각이 나서 전화한다며 성경에 대해 묻기도 한다. 전화로 멘토가 되어달라고도 한다. 자신이 잘 몰라 물어보면 친절하게 잘 가르쳐준다며, 언니 목소리를 들으면 마음이 편안해진다고 한다. 가만히 생각해보니 이런 말은 이 후배에게 처음 듣는 게 아니었다. 시각장애인 도서관에서 책 읽어주는 봉사를 하면 어떻겠냐고 했던 말이 생각났다.

어느 날, '귀농을 준비하고 있는 많은 분에게 경험에서 우러나오는 현실적인 조언을 해달라'면서 '경남인생이모작지원센터'에서 인터뷰 요청이 왔다. 나는 "신중년분들이 지금까지 쌓아온 다양한 경험과 경력은 경쟁력 있는 전문 CEO가 되기에 충분하다. 새로운 기회는 용기 있는 자만이 잡을 수 있다. 얼마든지 도전하라"라고 말했다. "이는 새로운 경험을 유연하게 받아들여 빠르게 변화하는 이 시대에 적응하라는 뜻이다. 그리고 언제든지 긍정적인 마인드를 갖는 것이 중요하다.

귀농을 준비하시는 모든 분께 응원의 메시지를 전한다"라는 말로 인터뷰를 마치고 제작진과 담소를 나누었다. 제작진은 나에게 다른 분들과 달리 말씀도 잘하시고 너무 자연스럽다며 칭찬해줬다. '칭찬은 고래도 춤추게 한다'라는 말처럼 나는 굉장히 기분이 좋았다.

이때 정말 내가 하고 싶은 것이 무엇인가에 대해 고민을 했다. '자연 안에서 여유 있는 삶을 즐기며 책 쓰는 작가가 되자', '사람들에게 도움도 주고 서로 아픈 마음을 어루만져주는 글을 쓰고 싶다', '신앙적인 힐링 에세이를 출간해 따뜻한 마음을 전하고 복음을 선포하는 메신저가 되고 싶다'라는 생각이 들었다.

작가의 꿈을 끌어올려 준 '한책협'의 김도사님 덕분에 나는 모든 것을 이루었다. 덤으로 인생에서 가장 소중한 것은 나 자신과 시간이라는 것도 알았다. 꿈을 가진 사람은 시간을 낭비하지 않는다.

부족과 불편함 속에서
행복의 삶을 찾는다

만약 하느님께서 소원 하나를 들어주신다면 무엇을 청할까? 먹고 살 걱정에서 좀 자유로웠으면 하는 마음에 풍족한 재산을 청하겠다는 사람이 많을 것 같다. 아니면 좋은 대학에 입학하기를, 좋은 직장에 취직하기를, 자기 분야에서 큰 성공을 거두기를, 좋은 반려자를 만나 행복한 가정을 이루기를, 아프지 않고 오래도록 건강하게 살기를 청하는 사람들도 있을 것이다. 퇴근해 집에 도착해보니 세 살 된 딸이 경기를 일으켰다고 한다. 서울대학병원 소화병원에서 검사한 결과, 뇌수막염이라는 말을 듣고 충격을 받았다. 직장 생활을 하느라 제대로 돌봐주지 못한 것 같아 미안함이 밀려왔다. 그때 가족의 건강을 위해 하느님께 청했다.

'부족하고 불편해도 건강하고, 행복하게만 해주세요.'

서울 밖은 다 시골인 줄 알았을 정도로 나는 서울 토박이다. 현대인들은 대개 바라는 목표를 이루고자 빈틈없이 계획을 세우고, 그렇게 정해진 시간표대로 하루하루 바쁘게 살아가는 데 익숙하다. 서울은 모든 것이 늘 분주하다. 마음도 바쁘고 정신도 바쁘고 몸도 덩달아 바쁘다. 대도시는 일도 많고, 사람도 많고, 차도 많다. 그 많은 것들 속에서 나를 조금 더 돋보이게 하기 위해서는 다른 사람들보다 더 바쁘게 움직여야 한다. 일이 없어도 어딘지 모르게 불안감과 근심, 걱정이 쌓인다. 쉬는 날이 있어도 무언가 해야만 할 것 같은 일 중독에 빠지게 된다. 이런 생활이 익숙해져서인지 귀농 후에도 나는 마을 사람들보다 행동이 빠르다.

최초의 계획도시 창원으로 내려왔다. 철새 도래지 주남저수지는 살아있는 자연사 박물관이다. 저수지 제방을 따라 조성된 탐방 둘레길은 새벽 물안개부터 저녁 노을이 있고, 계절의 변화는 주남저수지의 색다른 풍경이다. 이런 중소도시에서의 매력은 이뿐만이 아니다. 창원 내수면 환경 생태공원 산책코스는 자연과 호흡할 수 있는 아름다운 자연 풍경 공원이다. 저 멀리 평화롭게 보이는 강줄기 풍경은 참 곱다. 고요함 속에 만나는 시골 풍경 속에 소박한 행복을 찾았다.

시골의 하루는 간소하고 느리다. 시간도 느릿하게 지나가고 사람도 느릿하게 스쳐간다. 사람도 적고, 건물도 적고, 차도 적다. 사람들 마음은 차분하게 가라앉아 언제나 여유롭다. 시골에서는 일이 많더라도 마음이 일의 무게에 억눌리지 않아 휴식의 의미가 무엇인지를 알게 된다.

또한, 시골에서는 부족한 게 많다. 버스도 많지 않아 기다리는 시간이 보통 30분에서 1시간 정도 되어 이 시간을 길에서 보내야 한다. 그렇기에 시골에서 승용차 운전은 필수다. 거기다 병원도 많지 않다. 편의 시설이 굉장히 부족하다. 시설이 적은 이곳에서는 많은 곳에서 그 불편함을 조금이라도 없애고자 노력하고 있다. 농·축협에서는 마을 사람들을 위해 팩스를 보내고 받을 수 있도록 서비스해준다. 소형 마트에서도 다양한 물건을 판매한다.

도시보다 불편하고 부족한 게 많은 시골에서는 생각도 단순해지고 욕심도 줄어들 수밖에 없다. 불편함 때문에 없으면 없는 대로 지내는 방법을 익히게 된다. 도시 생활의 편리함을 잊고 조금은 부족하고 불편해도 자연에서 자급자족할 수 있다. 시골에서는 채소밭을 갈고 닭 몇 마리를 갖고도 그럭저럭 살아갈 수 있다. 그리고 가족과 함께 살면서 서로를 지탱해준다.

어렸을 때 어르신들이 하시던 "자기가 먹을 것은 자기가 갖고 태어난다고 했다"라는 말이 떠오른다. 농촌에서는 하고자 하는 의욕과 성실성만 있으면 뭘 해도 먹고살 수 있다. 농사일도 최선을 다하면 성공할 수 있다.

농촌의 생활은 부족과 불편함 속에서 행복을 찾는 것이다. 사람들과 가까이하기를 원하고 함께 잘 어울려 지내는 사람들을 보면 그 사람의 말과 행동에서 편하고 따뜻한 모습을 발견할 수 있다. 물이 위에서 아래로 흐르듯, 사람의 마음도 편하고 따뜻한 곳으로 자연스럽게 흐르게 된다. 행복은 늘 가까운 곳에 있다. 늘 내 시선이 닿는 곳, 내 마음이 열리는 곳에 행복이 있다. 간디(Mahatma Gandhi)는 "감사의 분량이 곧 행복의 분량"이라고 말한다. 감사와 행복은 비례한다.

지금은 베테랑 농업인이 되었지만, 처음 귀농했을 때는 어려움을 많이 겪은 지인이 있다. 직접 농업 활동을 한 경험이 없어서 육체적으로 자연환경과 싸우는 것이 가장 힘들었다는 그는 8년 전에는 자영업자였다. 부모님은 농업 활동을 하셨지만, 그는 시골이 싫어 고등학교 때부터 대도시에 나가 공부를 했다. 그리고 도시에 터를 잡고 자영업을 했다. 돈은 얼마든지 벌 수 있었지만, 만족감이 떨어졌다. 좀 더 가치 있는 삶을 살고 싶었다.

그러던 중, 연고도 없는 담양으로 귀농을 하게 되었다. 단지 유동인구가 많다는 이유로 담양을 선택한 그는 농사를 짓기 시작했다. 첫 번째로 시작한 것은 차였다. 건강에 좋은 효과가 있는 작물인 작두콩차, 우롱차, 돼지감자차 등을 수확했다. 좋은 차를 만들어 판매하고 입소문이 나면 안정적으로 수익을 올릴 수 있겠다고 생각했다. 판매처를 찾다가 온라인 사이트를 개설했고, 지역 로컬푸드 매장에도 입점했다. 현재 전체 매출의 70%는 온라인에서, 30%는 오프라인에서 이루어진다.

더 높은 퍼센트를 차지하는 온라인 판매도 소중하지만, 그럼에도 불구하고 오프라인 판매가 정말 중요하다는 걸 느낀다고 한다. 고객들과 말 한 번 더하고 눈 한 번 더 맞추다 보면, 단골고객이 된다고 한다. 우리가 귀농한 이유 가운데 하나는 나와 이웃과 타인들이 모두 건강한 삶을 사는 것이다. 건강한 삶의 기본은 건강한 먹거리에서 온다. 농촌에서의 삶은 힘들고 불편하고 수입도 과거에 비해 줄어들 수 있지만, 행복의 크기는 더 커진다.

귀농한 가정의 부부는 실과 바늘이다. 어디를 가든 꼭 함께 움직인다. 농번기가 끝나면 마을 사람들은 함께 모여 식사를 한다. 한자리에 모여 토종닭을 장작불로 끓여 기력을 보충하고 친목도 다진다. 다양한 직업군을 가진 부부들은 자라온 환경도 다르고 나이도 다르고 고향도 다 다르지만, 함께하는 것이 그저 즐겁다. 돈 버는 농촌보다 사람 사는 농촌을 만드는 귀농인들은 먼저 마음의 문을 연다. 사람들이 살아가는 모습이 따뜻해 보인다.

오늘따라 유난스레 바람이 태풍처럼 불어온다. 자두를 전정하면서 깊게 눌러 쓴 모자가 몇 번씩 벗겨졌다. 다시 주워 쓰면서 편협한 생각의 틀에서 벗어나 도전적인 인생을 배운다. 귀농 생활은 부족과 불편함 속에 행복을 찾는 과정이다.

03

농촌에는
정년퇴직이 없다

곡식을 거둬들인 들판에 서서 또 한 번의 수확을 꿈꿀 수 있다는 것은 희망적인 일이다. 정해진 정년과 별개로 퇴직 연령은 점차 어려지지만, 경제적 활동에서 완전히 물러나는 은퇴 연령은 더 늦어지고 있다. 이모작센터에서 만난 같은 연배들과 이야기를 나누었다. 50~60년간 치열하게 살아온 인생이 무색할 만큼 지금은 하루가 무료하다고 한다. 30대 못지않게 체력과 의욕은 넘치는데 무엇을 해야 할지, 무엇을 잘할 수 있을지 모르겠다고 한다. 많은 신중년 세대가 '퇴직하고 나서 뭘 하고 살아야 하나…?' 하는 고민을 한다.

퇴직 후 독학으로 새로운 직업에 도전한 친구 이야기다. 중소기업 비상임조사관으로 근무하다가 퇴직 후 소설가로 등단해 작가가 되었다. 작가가 되고 나니 60세였다. 능력이 뛰어나다고 자부해도 아무도 불러주지 않아 어떤 이는 퇴직 후 새로운 도전을 결심하고 공인중개사에 도전했다. 직장 생활을 할 때는 경제적인 도구로써 일을 했다면 현재는 일을 하는 것 자체가 삶의 활력소이자 원동력이 된다고 한다. 누구에게나 자기만이 가진 재능이 있고 잘할 수 있는 일이 있다. 무언가를 한다는 것 자체에 의미가 있다.

오랜만에 직장동료와 통화한다. 사무실의 분위기로 시작한 내용은 통화가 끝날 줄 모른다. 승진에 관한 시험을 비롯해 인사고과 인사이동으로 이어지는 이야기는 직장인들이 겪는 일반적인 사이클이다. 동료는 앞으로 정년퇴직하려면 9년이나 남았는데 어떻게 살아남아야 할지 걱정하고 있다. 승진하지 못하면 아래 직원의 눈치를 보게 될 것 같다고 한다. 나이가 들어갈수록 직장 생활이 점점 더 힘들어진다고 한다. 젊은 친구들은 승진 못 하는 과장을 왕따시키는 것 같다고 한다. 하루라도 빨리 그만두고 싶지만, 돈이 뭔지 앞으로 정년이 늘어난다고 하니 어떻게 해야 할지 걱정한다. 정년까지 잘 견디면 된다고 했던 생각들이 시간이 지날수록 직장이 절벽을 향해 달리는 기차와 같이 느껴져 점점 무력감을 느낀다.

100세 시대의 중장년층과 노년층은 단순히 병 없이 사는 삶이 아니라 젊고 아름다운 삶을 지향한다. 오늘날 많은 직장인들이 고민하는 것 중 하나가 은퇴 시기다. 희망퇴직, 명예퇴직, 정년퇴직이 있다. 대다수의 40~50대는 언제 어떻게 직장을 그만둘지 아무도 모른다. 자신의 의지와는 상관없이 은퇴를 결심하는 경우가 있을 수 있고, 유능한 후배들에 의해 자신감이 없어져 퇴직을 하게 되거나 명예퇴직을 하게 되어 쓸쓸함을 감추지 못하는 이들도 있다.

한국인들에게는 퇴직은 축복이 아닌 또 다른 고통으로 다가온다. 직장은 아무리 최선을 다해도 평생을 책임져주지 않는다. 퇴직연령은 점점 낮아지는데 기대수명은 점점 길어지고 있다. 이런 일은 우리나라만의 문제가 아니다. 하지만 선진국들과 비교해볼 때 은퇴 이후의 우리나라 복지정책을 보면 걱정이 되는 것이 사실이다. 우리나라 국민의 기대수명은 2019년 기준 83.3년으로, 경제협력개발기구(OECD) 평균보다 2.3년 긴 것으로 나타났다. 보건복지부에서 발표하고, OECD가 발간한 '보건통계 2021'의 내용이다 성별로 보면 남자는 80.3년이고 여자는 86.3년으로 각각 OECD 평균보다 남성은 2년, 여성은 2.7년 평균수명이 증가했다. 그만큼 의학이 발달하고 영양 상태가 좋아졌다는 말이다.

얼마 지나지 않아 우리도 초고령사회로 들어선다. 한국인이 100세까지 사는 것은 점점 현실화되어간다. 100세까지 산다는 것은 당연히 축복할 일이다. 하지만 경제적·육체적으로 준비되지 않은 장수는 축복이 될 수 없다.

오래 산다고 해서 무조건 좋은 것만은 아니다. 그에 따른 경제도 뒷받침이 되어야 한다. 불안정한 취업과 직장 생활 속에서 언제 직장을 그만둘지 모르기 때문에 이제는 평생직장이라는 개념이 없다. 많은 사람들은 안정적인 공기업이나 공무원으로 목숨을 걸기도 한다.

그렇다면 축복받는 인생을 살기 위해서는 어떻게 해야 할까? 퇴직의 공포로 불안에 떠는 것에서 벗어나야 한다. 스스로 일자리를 만들고 자급자족해서 정년퇴직 없이 축복받는 인생을 살기 위해 노력해야 한다. 이 방법 중 가장 좋은 것이 귀농을 준비하는 것이다. 귀농은 빨리 판단하고 철저하게 준비하는 것이 답이다.

세상은 빠르게 변하고 있다. 직장인의 퇴직 연령은 낮아지고 기대수명은 늘어만 간다. 은퇴 시기가 빨라진 만큼 30~40대 미만의 직장인들은 미래를 책임질 수 없는 직장이라면 과감하게 벗어나야 한다. 농업은 사회의 어느 분야보다도 치열하고 열악한 분야다. 하지만 이런 농업에 관심을 가지고 귀농을 하는 젊은이들은 농촌을 젊고 건강하게 만드는 활력소가 된다.

경찰 경장으로 은퇴하고 대학 교수로 재임 중인 박사는 촌부의 아들로 태어났다. 어렸을 때부터 농사를 짓는 부모님을 보고 자랐다. 입버릇처럼 "난 농사 안 짓는다. 시키지 마래이"라고 이야기했다고 한다. 열심히 공부한 탓에 부모님께 자랑스러운 아들이었다. 그런 그가 올해 대학교수로서 정년을 맞이했다. 앞으로의 계획은 촌에 들어와 염소를 키우고 싶다고 한다. 전에는 농사는 아무나 짓는 게 아니라면서 농사는 힘들고 돈이 안 되고 비전도 없다고 했던 그의 생각이 바뀐 것이다. 건강하게 살기 위해서는 여생을 어떻게 살아야 하는지 답을 찾았다고 한다. 건강할 때 촌에 들어와 가축을 키우며 살고 싶다고 한다. 그는 이제라도 자신을 되돌아볼 수 있는 시간을 가질 수 있게 된 것에 감사하다고 이야기한다.

지나간 날들을 나는 착하게 살았다. 착한 딸로, 예의 바른 학생으로, 현모양처인 아내로, 엄마로, 며느리로 살다 보니 나 자신보다 다른 사람을 더 많이 생각했다. 직장 생활하면서 스트레스를 받게 되는 날이면 나는 낙서장에 글을 쓰고 그림을 그렸다. 차분히 일기를 쓰면 쌓여 있던 많은 감정이 눈처럼 녹았다. 그렇게 일기는 나의 친구였다. 그 후 작가의 꿈을 꾸었지만, 방법을 몰랐다. 그렇게 머릿속에서 희미하게 사라지는 작가의 꿈이 '한책협' 김태광 대표님의 입김으로 또렷하게 살아났다. 내 지식과 경험, 간접체험을 통해 전달하는 메시지의 소중함을 깨닫게 된다.

청정지역으로 귀농을 함으로써 내 인생의 삼모작이 시작되었다. "나만 믿고 따라오세요. 도와줄게요" 하셨던 한책협 김태광 대표님의 힘 있는 말씀이 동기부여가 되어주었다. 모든 면에서 매일 조금씩 나아지고 있는 나를 보고 놀란다. 김태광 대표님의 살아온 이야기를 듣고 나의 삶을 되돌아보기도 했다. 내가 하고 싶은 게 어떤 것들이었는지 생각해보는 계기가 되기도 했다. 이제 내게는 내가 꿈꾸는 여유로운 삶을 살 수 있는 미래가 있다.

04

경제지수보다
행복지수를 찾아라

묵은 어둠을 헤치고 새날이 밝아온다. 어제의 아픔은 잊어버리고 힘차게 떠오르는 붉은 태양을 보며 새로운 꿈과 희망을 이야기한다. 해돋이를 보러 포항 오류해수욕장을 향했다. 세찬 바람은 옷깃을 거머쥐게 하지만 폐부 깊이 들어오는 공기는 잠든 내 영혼을 일깨운다. 붉은 해가 온 바다를 서서히 물들이고 있다. 자연의 섭리 앞에서 나는 한없이 낮아진다.

인간은 누구나 행복한 삶을 꿈꾼다. 그렇다면 무엇이 우리에게 행복을 가져다줄까? 많은 사람의 머릿속에 가장 먼저 떠오르는 단어는 돈일 것이다. 부유함이 행복의 절대 기준이 될 수 없다는 말도 익히 들어 알고 있다. 하지만 돈이 어느 정도 있어야 만족하고, 행복을 느낄 수 있다는 말 역시 맞는 말이다. 치열한 경쟁 속에 지치고 힘든 시간을 보내는 많은 사람들은 대부분 자산이 많아지면 행복하다고 말한다.

'일상에서 작지만 확실하게 실현 가능한 소소한 행복'을 우리는 '소확행'이라고 한다. 일본 작가 무라카미 하루키(村上春樹)의 수필집 《랑겔한스섬의 오후》에 등장하는 말이다. 갓 구운 빵을 손으로 찢어 먹을 때, 새로 산 정결한 면 냄새가 풍기는 하얀 셔츠를 머리에서부터 뒤집어쓸 때의 기분, 서랍 안에 반듯하게 접어 정리되어 있는 속옷을 볼 때 느끼는 행복과 같이 바쁜 일상에서 느낄 수 있는 작은 즐거움을 '소확행'이라고 이야기한다.

살다 보면 힘들고 지칠 때, 어디론가 훌쩍 떠나 아무도 모르는 곳에서 조용히 쉬고 싶어진다. 그동안 직장이라는 테두리 안에서 오로지 앞만 바라보며 정신없이 살아온 나는 한 번도 가보지 않은 낯선 곳을 여행하고 싶었다. 일에 치여 치열하게 사는 것은 행복해지기 위해서였다. 하지만 어느새 예전의 꿈은 어디로 사라지고 그저 빠른 성과라는 속도감에만 빠졌다. 영원할 것만 같던 청춘도, 직장도, 주변 사람들도 떠나기 시작한다.

수십 년 한길만 걸어온 나를 토닥이며 첫 번째 버킷리스트였던 산티아고 순례길에 올랐다. 그간 공기업에서의 38년간 생활을 마감하고 나에 대한 보상으로 황금돼지해에 길을 떠났다. 예수의 열두 제자 중 한 명인 '야곱'의 800㎞ 순례길 '카미노 데 산타아고'를 줄여서 '카미노'라고 부른다. 카미노는 버리러 가는 길이다. 많이 줄이고 보다 많이 버릴수록 행복해진다. 모든 길은 로마로 통하듯이 성 야곱을 찾아가는 모든 순례자의 종착지는 스페인 산티아고 콤포스텔라다. 콤포스텔라 대성당 앞에서 순례자 수첩을 제출하고 완주증명서를 받는다. 산티아고 순례길은 아름다운 자연과 교감하는 길 또는 자기성찰의 길이라고 한다. 길 위의 삶은 예측 불가능하기에 불안하고 위험하다. 그럼에도 불구하고 길은 새로움에 대한 체험을 통해 배움과 깨달음이 있다. 그래서 새로운 길을 나서면 늘 설렌다.

여행의 목적과 지향은 사람마다 다르지만, 익숙한 곳을 떠나 낯선 시공간을 체험하고 우리는 다시 자기 자리로 돌아온다.

아침부터 단단히 무장한다. 발가락에 바셀린도 바르고 테이핑도 하고 최대한 짐을 가볍게 해서 걷는다. 돌에 새긴 조가비 이정표를 보고 끊임없이 걷기 시작한다. 순례의 여정은 새로운 사람들을 만나는 즐거움이다. 그토록 갈망했던 길을 걸으며 나만의 성찰이 시작된다. "이 길은 나에게 무엇일까?" 자문자답한다. "너는 참 소중한 사람이다. 학대하지 마라. 네가 가는 길은 돌부리에 채는 일 없이 안전하게 이끌 것이다. 소중하고 귀하게 얻은 몸을 잘 다루어라" 가슴속 깊이 울리는 소리는 이곳에 온 이유를 정확하게 알려주었다.

막연하게 걷고 싶었던 이 길 위에서 그동안 잃어버리고 살았던 내 꿈을 찾았다. 길을 떠나 길 위의 인생이 된다는 것은 늘 새롭게 거듭나는 삶을 가능하게 해준다.

산티아고의 하늘은 유난히도 파랗고 구름도 예쁘다. 한 폭의 수채화처럼 아름답다. 길 위에서 만난 사람들의 친절함과 해맑은 미소는 삶을 즐겁게 느끼게 해준다. 종종 적막한 고요함에 가슴 뛰는 내면의 소리가 들릴 정도다. 지금도 눈을 감으면 푸른 하늘 아래 끝없이 펼쳐지는 밀밭과 거대한 초록 물결이 아른거린다. 경제지수보다 행복지수를 찾아가는 여행은 진정한 나를 만나기 위한 여정이었다.

행복이란, 생활에서 만족감과 즐거움을 느끼는 상태라고 정의한다. 돈 버는 것도 중요하지만 즐겁고 재미있게 일하는 것과 원만한 대인관계, 뚜렷한 목표가 있을 때 우리는 행복을 느낄 수 있다.

농촌으로 들어오면서 케케묵은 삶의 흔적들을 버렸다. 3대가 함께 살았던 집의 살림은 꼬박 3박 4일간 정리해야 했다. 충동적으로 홈쇼핑에서 구입한 물건들, 상표도 떼지 않았던 옷, 살 빼면 입을 수 있겠다며 고이 간직했던 옷들, 시어머니의 유품들, 아이들의 옷장을 정리한 물건들이 산처럼 쌓였다. 인고의 세월을 수거업체에서 깨끗하게 정리했다. 그동안의 묵혔던 체증이 한꺼번에 쑥 내려갔다. 비움의 시작은 정리였다.

새벽을 알리는 닭의 힘찬 울음소리와 뒷산에서 새소리를 들으며 걷는다. 파릇한 잡초 끝에 영롱하게 맺힌 이슬을 본다. 은은한 꽃내음을 깊이 들여 마시며 신선한 공기로 폐부를 확장시킨다. 자연의 소리로 마음이 열리고, 자연의 빛으로 눈이 뜨인다. 자연은 인간에게 주는 최상의 선물이다.

산티아고에서 가슴 뛰게 했던 일들은 계속 가슴에 남았다. 시간이 지날수록 빛바랜 사진은 선명함을 더한다. 이제야 내가 갈 길을 알았다. 그토록 갈망했던 글쓰기가 한 달 안에 이루어졌다. 한책협 김태광 대표님을 만나 나는 모든 것이 빠르게 변하고 있다.

나는 현재 작가로, 1인 창업가로 컨설팅도 준비하고 있다. 멋진 제2의 인생을 도전하는 나는 반드시 성공할 것이다!

행복을 위한 마음가짐은 다음과 같다.

첫 번째로 행복지수를 높이기 위해서는 욕심을 줄여라.

두 번째로 주어진 것에 늘 감사하는 마음을 가져라.

세 번째는 어려운 이를 생각하며 나눔을 베풀어라.

05

귀농은 행복을 찾아가는
하나의 과정이다

귀농은 한 가구가 도시를 떠나 농촌으로 이주하는 것이다. 많은 사람들에게 귀농은 은퇴 이후 건강한 삶을 누리고 지속 가능한 일을 찾아 떠나는 것일 수도 있다. 나의 경우는 남편 사업 때문에 도시를 떠나 경남 창원으로 내려왔다. 경남에서 23년 동안 살다가 아이들은 분가시키고 우리 부부만 경북 청도로 귀농해 정착했다.

새벽닭 울음소리에 닭장 울타리를 열어 모이를 주고 방목시킨다. 가축들이 밥 주는 주인을 알아본다. 부리로 콕콕 찌르며 먼저 인사한다. "오늘은 계란 몇 개 낳았나?" 하고 닭장에 들어가면 닭들이 따라온다. "알 낳느라고 수고했다" 하면 닭들이 대답하는 것 같았다. 누가 닭대가리라고 말을 했는지 모르겠지만 닭들은 생각보다 영리한 것 같다. 방목하다 보니 커다란 매가 닭을 사냥하러 닭장 주위를 맴돌고 있다.

여기저기 흩어져 풀을 뜯어 먹고 있는 닭들을 향해 수탉이 위험한 물체가 나타났다고 급하게 신호를 보낸다. 그 소리에 암탉들은 뒤뚱거리며 걷다가 상황이 급하면 날아온다.

야생약초를 먹고 방목하는 닭이 낳은 유정란은 자연에서 덤으로 얻는 기쁨이다. 무리 지어 소공동체를 이루며 사는 닭들의 움직임을 보고 있으면 인간이 사는 모습과 비슷하다는 생각이 든다. 살아 움직이는 생동감 넘치는 가축들을 보면 도시에서 느낄 수 없는 사랑을 만끽할 수 있다. 귀농은 행복을 찾아가는 하나의 과정이자, 내 삶의 주인이 되는 절차다.

"행복의 첫째 원칙은 어떤 일을 하는 것이고, 둘째 원칙은 어떤 사람을 사랑하는 것이며, 셋째 원칙은 어떤 일에 희망을 가지는 것이다"라고 임마누엘 칸트(Immanuel Kant)가 말했다. 아무것도 하지 않는 무력감은 무기력을 만들어 사람의 감정을 이끌어내지 못한다. 사람이 없는 곳에서는 희망도 희박하다. 내가 전념할 수 있는 일이 있고 곁에 사랑하는 사람이 있다면 희망으로 살아갈 동기를 만들 수 있다.

후배는 최근 직장 생활에 환멸을 느낀다고 한다. 젊은 신입직원들의 사고가 우리와 달라도 너무 다르다고 이야기하며, 그들은 인사도 잘 안 하고, 모르면서도 묻지 않고 혼자 찾아서 하고, 알게 된 것은 공유하지 않으려 한다고 말한다. 나이 들어 직장 생활이 이렇게 힘든 줄 몰랐다며 윗사람한테 치이고 아랫사람한테 왕따 되는 느낌이 들어 출근하는 발걸음이 무겁다고 한다. 남은 정년까지도 다니기 버거운데 정년이 늘면 어떻게 할지 고민한다.

누군가 내 마음에 들지 않는 말이나 행동을 한다면 어떻게 해야 할까? 사람들은 대부분 자기 마음이나 욕심에 좋은 것만을 선택한다. 이러한 성향이 세상에 과도하게 펼쳐지면서 또 다른 누군가는 억압받고 소외되고 있다. 가진 것을 나누지 않고 자기의 것을 더 챙기려는 마음 때문에 세상에 상처가 생기고 미움이 생긴다.

코로나 상황으로 힘들어진 요즘 시기에 돈만 있으면 무슨 걱정 있겠나 싶은 생각이 드는 것도 사실이다. 출근하는 발걸음은 무겁다고 하면서도 돈 때문에 직장을 담보로 보험을 들고 있는 친구들이 많다. 하지만 직장은 그 미래를 책임져주지 않는다. 내가 선택한 길에 따라 나의 미래가 바뀔 수 있다. 너무 직장에만 얽매여 생각하지 말자.

돈이 없어도 내가 귀농한 이유는 굉장히 단순했다. 서울에서 태어난 나는 학창시절에 친구들이 시골 할머니댁에 다녀왔다는 말을 들으면 부러웠다. 나도 방학 때 다녀올 시골이 있었으면 했다. 남편은 경남 진주 삼천포에서 예식장을 운영했다. 예식업은 쉬는 날이 없다. 평일은 야외 촬영을 해야 하고, 주말이면 본식 촬영으로 예식홀을 뛰어다녀야 한다. 사업이 확장되면서 서울의 가족들이 모두 남편이 거주하는 창원으로 내려왔다. 소도시에 내려와 농촌을 돌아다니면서 자연스럽게 눈이 떠졌다. 농촌 생활을 하고 싶어졌다. 남편도 사진 작업을 위해 컴퓨

터를 하도 보다 보니 어느 날 눈에 안구건조증이 생겼다. 안과에서 인공눈물을 넣어도 눈이 뻣뻣하고, 깜빡임이 심해 대인관계에서도 많은 불편함을 느꼈다.

이런 상황이 되자, 남편은 약초에 관심을 두기 시작했다. 약초 동호인들과 약초를 캐러 다니면서 산을 보러 다녔다. 약초를 심을 임야만 찾고 있었다. 그렇게 산촌으로 귀농해 체질에 맞는 풀뿌리를 먹으며 건강하고 행복하게 사는 삶을 선택했다. 하늘 아래 세운 자연 속 집은 삶의 기쁨을 주었다. 산에서 주는 차가운 공기는 가슴 깊이 파고든다. 흙을 밟고 땅과 호흡하며 걷는 산책은 값을 매길 수 없다. 남편의 안구건조증은 언제 사라졌는지 지금은 찾아볼 수 없다. 이렇게 귀농은 행복을 찾아가는 하나의 여정이다.

"자연과 가까울수록 병은 멀어지고 자연과 멀수록 병은 가까워진다"라는 괴테(Johann Wolfgang von Goethe)의 말처럼 자연은 우리에게 건강을 선물한다. 도시와 욕심을 내려놓기만 한다면 내가 꿈꾸는 자연과 함께 여유로운 삶을 살 수 있는 미래가 있다.

시원섭섭한 퇴임식을 마치고 강당을 나서는데 직원들이 하나같이 내 걱정을 한다. 자연에서 사는 삶은 좋지만 너무 힘들 것 같으니 농사짓는 일은 하지 않았으면 좋겠다고 한다. 하지만 그 농사는 나에게는 또 다른 행복을 찾아가는 여정이다.

이 세상에 공짜는 없고, 쉬운 일은 하나도 없는 법이지만, 그래도 내가 좋아서 하는 일들을 꾸준하게 하다 보니 어느 순간 상상이 현실이 되었다. 성공의 과정에는 '도전과 극복'이라는 단어는 필수였다.

귀농하던 해, 나는 바로 농민사관학교 청도반시아카데미에 등록했다. 초보 농부인 내가 전문인들과 함께 청도의 특산물 반시에 대한 전반전인 공부를 시작했다. 감와인, 감식초, 감말랭이, 청도의 특산물을 제조 가공해 새로운 부가가치를 창출할 수 있는 교육을 받았다.

가장 현명한 사람은 적응을 잘하는 사람이다. 오랫동안 직장 생활이 몸에 배어서인지 성과에 초점을 맞췄다. 귀농하기 전 틈틈이 유기농업기능사, 도시농업관리사, 농촌힐링지도사 약초차힐리스트, 걷기힐리스트, 레크레이션지도사, 커피바리스타, 심리치료사, 요양보호사, 한식조리사, 전문스포츠지도사, 생활스포츠지도사, 미용사, 웃음치료사 등의 자격증을 취득하기 위해 배우고 익혔던 과목들이 하나의 연결고리가 되어 나의 귀농 생활의 자양분이 되고 있다.

인생의 주인공은 나다. 환경도, 주변도 다 부차적인 요인이다. 드림킬러가 나를 궁지로 몰고, 자의식이 낮아질 때 유튜브 '김도사TV'를 보며, 나의 의식을 성장시킬 수 있었다. 나에게 최고의 공부법은 책 쓰기라는 것을 가르쳐준 김도사는 나의 스승이다.

06
바람 소리, 새소리 들으며
흙 밟고 걸으면 힐링이다

문을 열고 나가면 제일 먼저 강아지들이 나를 반긴다. 리트리버종들은 사람들을 무척 따르지만, 가축들에게는 사나운 사냥개다. 퉁실이들은 산책 동선을 미리 알고 앞장서 걷기 시작한다. 이렇게 아침 일찍 산책이 시작된다. 농장에는 강아지 3세대가 살고 있다. 블랙 레브라도 까몽이와 까몽이의 새끼인 두리, 그리고 진돗개 양양이가 낳은 믹스견 퉁실이 세 마리가 있다. 농장을 지키는 여섯 마리의 파수꾼이 있어 든든하다. 꾸물거리는 잿빛 하늘이 심상치 않으면서 눈발이 날렸다. 건너편 산골짜기가 뿌옇게 보인다. 퉁실이들도 이리저리 뛰기 시작한다. 오랜만에 보는 첫눈이었다.

자두나무 전정을 본격적으로 시작했다. 전동가위의 기계음 소리가 음악 선율처럼 부드러운 리듬을 탄다. 남편은 복숭아 마이스터다. 전정을 잘못하면 열매가 달리지 않는다며 섬세하게 지도해준다. 꼼꼼하지 못한 내 성격을 알기에 같은 말을 반복한다. 전정은 나무를 교정해주는 거라 굉장히 중요하다. '서당 개 3년이면 풍월을 읊는다'라고 했는데, 그동안 남편이 전정하는 것을 봐왔는데도 불구하고 내가 직접 자르려 하니 눈에 확 들어오지 않는다. 처음부터 잘할 수는 없겠지만 조금 어렵게 느껴졌다. 그래도 내 전정 실력이 점점 나아지고 있다.

나무 사이에 새 둥지를 발견했다. 주먹 두 개 합친 크기의 빈 둥지는 튼튼했다. 새들이 만든 빈 둥지를 보며 감탄한다. 무심코 지나칠 수도 있는데 귀하게 보였다. 도심에서 찾아볼 수 없는 것들이 하나둘씩 눈에 보이기 시작했다. 농촌에서의 생활은 나를 단순하게 만들었다. 깊이 생각하지 않고 있는 그대로를 보고 느낌대로 말한다. "농촌에서는 바람 소리를 듣고 비가 걸어오는 소리도 들을 수 있도록 귀를 열어놓아야 한다"라는 남편 말은 농촌에서 여유롭게 지내라는 의미일 것이다. 일하고 싶을 때 일하고, 쉬고 싶을 때 쉴 수 있는 연습도 필요하단다.

현대인들은 콘크리트 건물과 전기 제품에서 나오는 전자파 속에서 하루 종일 생활한다. 생활 속에서 쉽게 할 수 있는 걷기 운동마저 귀찮아한다. 생활습관의 개선에서 가장 중요한 부분의 하나로 생각해야 하는 것이 적절한 운동이다. 산책, 가벼운 등산 같은 운동은 건강을 위해 매우 중요하다. 머리를 맑게 해주고 폐활량을 좋게 하고 노폐물을 제거하고 마음을 편안하게 해주는 유산소운동은 바로 걷기다. 걷기힐리스트인 나는 아침마다 뒷산에 오른다.

귀농 후 건강이 좋아졌다. 그전에는 고혈압 때문에 체력관리를 해야 했다. 퇴근 후에 헬스장에서 유산소, 무산소 운동으로 체력관리를 해도 혈압은 그대로였다. 운동할 때 들리는 소리도 그렇지만 도심 속에 들리는 수많은 소리는 소음에 가깝다. 그렇게 운동을 하고 식단 조절을 해도 떨어지지 않던 혈압이 농촌에 들어오니 바로 정상이 된다. 도심 속에서 접할 수 없는 나뭇잎과 바람 소리, 새들의 지저귐 소리, 가끔 들리는 고라니 소리를 들으며 걷는다. 지친 일상을 벗어나 자연이 들려주는 소리에 집중하면 마음이 깨끗하고 맑게 정화된다. 자신의 나쁜 것들을 벗어버리고 좋은 것만 가지고 내려오는 충전이자 힐링 과정이다.

심장병 전문의 중에서도 수술이나 약물요법보다는 자연요법 또는 자연적인 치료법을 중시하는 '스티븐 시나트라(Stephen Sinatra)' 박사는 심장병이나 협심증 치료의 일환으로 어싱(earhting)을 권한다. 어싱은 맨발로 땅을 밟고 걷는 행위다. 우리의 인체는 음전하와 양전하의 균형이 끊임없이 유지되고 있는데, 이에 불균형이 발생한다면 질병에 걸리기 쉽다. 또한, 음이온이 부족해지면 인체는 활성산소가 과다하게 발생해 염증으로 인한 만성병에 걸리기 쉽다.

어싱 이론에 따르면 우리의 지구는 거대한 음전하를 띠고 있어 맨발로 땅을 딛고 걷는다면 음전하가 발바닥을 통해 인체로 유입된다고 한다. 흙 위를 걷다 보면 울화통도 사라진다.

맨발 걷기(어싱) 경남협회는 매월 넷째 주 일요일 오전에 만나 걷는다. 얼마 전에는 마산 진동면 요장리에 소재하는 광암해수욕장의 모래사장을 걸었다. 어싱의 효능 순위는 첫 번째는 바닷가, 두 번째는 황톳길, 세 번째는 잔디밭이다. 이번 달에는 전해질이 잘 전달되고 몸속의 전해질(활성산소, 독소)을 잘 빼주는 바닷가를 찾아서 아침 일찍 출발했다.

날씨가 조금은 풀렸다지만 여전히 춥고 바람도 불었다. 어싱 매니아들은 신발과 양말을 벗고 모래사장을 걸었다. 물은 굉장히 차가웠지만, 참고 왕복 두 번 정도 걷고 나니 몸속에서 열기가 올라온다. 태양, 햇빛, 구름, 바다색의 조화가 너무 멋졌다. 맨발 걷기가 끝나고 따뜻한 물에 라벤더 한 방울을 넣고 족욕을 하면 세상만사 근심, 걱정이 사라진다. 일상 속에서 쉽게 실천할 수 있는 건강 걷기다.

어느 날 사무실에서 근무하던 후배가 갑자기 병가를 냈다. 피부에 발진이 생기고 먹지를 못하고 해서 혹시 식중독인가 생각했다. 자신을 지켜야 할 면역계에 교란이 생겨 자신을 공격하는 자가면역질환 중 하나인 '루프스'라고 했다. 원인은 환경적 요인(스트레스)이나 유전적인 원인으로 발생할 수 있단다. 체내 활성산소의 증가로 주변에 세포를 공격하고 손상을 줄 수 있는 과도한 스트레스를 받으면 안 된다. 약물치료로 많이 좋아져 직장 생활을 현재는 잘하고 있지만 언제 어떻게 될지 몰라 불안해한다. 땅도 마련해놓았으니 머지않아 시골로 들어

갈 거라고 한다. 대부분 사람들은 건강할 때 느끼지 못하고 건강을 잃고 결정한다.

내가 있는 이곳도 농장 주변에 전원주택들이 즐비하게 들어서 있다. 어떤 이들은 은퇴 후 가족들의 안전한 먹거리를 위해 텃밭을 가꾸며 소일거리를 하고 지내고, 또 어떤 이들은 본인의 건강 때문에 들어와 온종일 집에만 있다. 건강은 건강할 때 지켜야 하는데 많은 이들이 목구멍이 포도청이라 어쩔 수 없다.

가족을 위해 오랜 세월 곁눈 팔지 않고 열심히 살았는데 종종 본인을 위한 삶이 없었다는 것을 느끼게 된다. 나 역시 엄마로서 며느리로서 아내로서 아플 시간도 없이 살았다. 그러던 어느 날 딸이 엄마가 하고 싶은 일을 하면서 살았으면 좋겠다고 말했다. '스트레스를 받지 않고 내가 좋아하는 일이 뭘까?' 가볍게 산을 오르면서 복합적인 생각들이 깃들었다. 그림을 그려볼까? 하모니카를 배워볼까? 그러다 산티아고에서의 일이 머릿속을 스쳐갔다. '그래, 책을 쓰자!' 지금의 내가 어떻게 귀농하게 되었는지 그동안의 배우고 익히고 느끼고 체험한 바를 나열하고 싶었다.

내 이름으로 된 책을 쓰는 작가에서 1인 창업가로, 그리고 강연 컨설턴트가 되기로 했다. 무상으로 선물 받은 자연의 소리는 나의 꿈을 키웠다. 내가 원했던 작가의 꿈을 한책협 김태광 대표님을 통해 이루었다. 대표님과의 만남은 우연이었을까?

힐러리 클린턴(Hillary Rodham Clinton)은 "꿈을 품은 모든 여자가 세상의 중심에 우뚝선다"라고 말한다. 꿈을 가지고 그것을 이루었을 때를 상상하며 구체적으로 실천해나가라는 말이다.

귀농해서 농촌의 바람 소리, 새소리를 듣고, 흙을 밟으면서 작가의 꿈이 실현된 모습은 눈을 감고 상상만 해도 힐링이 된다.

지속 가능한 일은 새로운 삶을
살 수 있게 한다

현재 부장으로 재직 중인 동료는 임금피크제 대상에 포함되면서 '퇴직 이후 어떻게 보낼까?'를 진지하게 고민했다. 교직 생활하는 아내에게 받기만 했던 밥상이었지만, 이제는 아내를 위해 앞치마를 두르고 싶었다. 요리학원에 등록하기도 좀 쑥스러웠지만, 인근 대학교 평생교육원의 요리강좌를 등록했다. 수강생들은 대부분 은퇴를 앞둔 50대 중반 남성들이다. 예전에는 몰랐는데 아내의 수고로움을 아침 식사를 준비하면서 조금이나마 알게 되었단다. 이처럼 다양한 기술에 도전하는 신중년 세대들이 많다.

군 농정과에서 보내온 편지를 전달하기 위해 오토바이를 타고 온 집배원 뒤를 통실이들이 따라가는 농촌 풍경이다. 우편함에 들어 있는 서류봉투는 양봉 농가 등록증이었다. 양봉은 30군 이상 되어야 양봉

농가로 등록할 수 있다. 등록 과정에는 절차가 필요했다. 벌통 개수와 전경 사진 위험을 알리는 팻말과 채밀기, 벌통 보관 장소, 약품, 방제 용품, 배치도의 일곱 가지 서류를 요구한다. 확인되면 양봉협회에 등록되어 있는지 재차 확인한 다음, 양봉농가등록증이 발급된다.

귀농하기 전, 남편은 인제대학교 평생교육원에서 벌침과 생활건강에 관한 교육을 받았다. 양봉은 적은 투자 비용과 낮은 노동 강도의 이점이 있다. 더욱이 양봉은 친환경적인 방법을 활용해 농약 살포를 하지 않는다. 노후를 좀 더 즐겁게 누릴 수 있고 좋은 꿀을 먹을 수 있다는 것이 큰 메리트였다.

귀농해 5년이 지난 후, 처음에는 벌통 3군으로 시작했다. 벌 알레르기로 한번 쏘이면 일주일 동안 퉁퉁 붓고 가렵다. 봉침은 약침이라 맞으면 건강해진다는 사람들도 있다. 해가 지날수록 벌통이 늘어나기 시작했다. 전업 양봉인들은 아카시아꽃이 필 시기에 꿀을 채취해 눈코 뜰 새 없이 바쁘다. 꿀 뜨는 시기를 놓치지 않기 위해 많은 사람들의 일손을 필요로 한다.

하지만 과실 수확 철에 벌보다 나무에 신경을 써야 하는 농장에서는 자연히 꿀 뜰 시기가 늦어진다. 벌들이 채취해온 꿀을 벌집에 넣고 날갯짓으로 수분을 날려 보내고 벌집을 봉해놓으면 숙성된 꿀이 된다. 이렇게 숙성된 꿀들은 유통기간이 정해져 있지 않아 오래 두면 둘수록 좋은 꿀이라 고가로 판매된다고 한다.

정착 초기에는 단기간에 안정적인 소득을 올리기가 쉽지 않다. 도시에서의 경험과 전문성을 살려 일정 기간 농사 이외의 직업을 갖는 것도 좋은 방법이다. 다양한 분야에 종사하던 귀농인들이 경험과 전문성을 살려 지속 가능한 새로운 삶을 산다.

귀농한 부부 중에는 건강 때문에 농촌으로 오시는 분들도 있지만, 일에 지쳐 조금 쉬려고 들어오는 분들도 있다. 귀농 9년 차 된 부부 이야기다. 집 짓는 목수 일을 하다 건강 때문에 청도에 들어왔다. 부부는 부산을 오가며 시간이 걸려도 직접 짓고 사는 게 귀농의 시작이라며 조금씩 주변의 땅도 매입해 번듯한 농장을 만들었다. 닭도 키우고 염소도 키우고 판매하면서 아내는 농업보다 농업 이외의 직업을 주업으로 방문요양보호사로 활동하기 시작했다. 도시에서의 요양보호사는 수급자가 많지 않아 자격증을 취득하고서도 일자리를 구하기가 힘들다. 하지만 농촌에서는 수급자는 넘쳐나는데 일할 요양보호사가 적다. 지자체에서는 요양보호사 자격증이 없어도 근무할 수 있는 노인 맞춤 돌봄서비스인 생활 지원사로 활동할 수 있는 사람들을 모집한다. 홀로 된 어르신 댁에 방문해 안부와 건강상태 등을 보살펴드리는데, 이 업무는 차량 지원비도 별도로 지급된다. 다양한 경험을 가진 귀농인은 농촌에서 새로운 삶을 살 수 있다.

2021년에 MBN의 <나는 자연인이다>에 출연한 지인은 지병인 간암으로 큰 수술을 받고 부산에서 청도로 귀농했다. 산을 개간해 집을 짓고 자연식으로 식생활을 바꾸고 건강을 되찾았다. 간에 부담이 가지 않도록 해독력을 높이는 식이요법을 했다. 미나리, 시금치 등 산에서 나는 산나물로 간에 부담 가지 않도록 해독에 집중했다. 아침에 일어나 매일 산책하면서 모든 것을 긍정적으로 생각했다. 늘 기쁘고, 감사하며, 평화로운 마음으로 지냈다.

예전에 운동했던 복싱 연습도 가볍게 잽도 날리면서 서서히 체력단련을 하기 시작했다. 지자체에서 모집하는 공공근로사업을 신청했다. 공공근로사업 신청 자격 요건 중 젊은 사람들을 기준으로 이루어지는 체력검증도 가볍게 마쳤다고 한다. 다행히 꾸준한 운동으로 체력단련 시험에 합격해 선발되었다. 현재 겨울에는 산불 조심 감시원으로 활동하고, 여름에는 물놀이 감시원으로 활동하고 있다. 도시의 삶이 어려워 농촌에서 자신의 건강과 비전을 찾고 노년의 삶을 누릴 수 있는 귀농은 값진 경쟁력이다. 다양한 분야에 종사하던 귀농인들의 전문 분야를 살린 경제 활동은 지역 경제 활성화에도 중요한 역할을 하고 있다.

나는 현재 청도 성모유치원에서 아름다운 이야기 할머니로 활동하고 있다. 은퇴 후 한국국학진흥원에서 아름다운 이야기 할머니에 선발되었다. 한 주에 두 번씩 유치원에 간다. 유아들에게 구전으로 전하는 이야기는 세대와 문화의 장벽을 넘는다. 그 옛날 할머니 무릎에서 이야기를 듣고 자라던 전통문화를 계승해 유아들에게 옛이야기를 들려주고 있다.

아름다운 이야기 할머니의 활동은 우리의 우수한 정신적 가치를 전하는 역할을 하고 있다. 5~7세 유아들에게 재미있는 옛날이야기, 감동적인 이야기, 선현들의 미담, 훌륭한 일을 하신 분들의 이야기를 들려준다. 유아들에게 이야기를 들려주는 일은 보람 있고 가치 있는 일이다. 유아들에게 들려줄 원고 분량은 A4용지 세 장 정도다. 이것을 외워서 들려준다.

유아들을 만나러 가는 날은 설렘이 가득하다. 유아들은 느끼는 감정을 그대로 표현한다. 어느 날 교실에 들어갔는데 한 친구가 "할머니, 보고 싶었어요. 사랑해요" 하면서 손가락 하트를 보내는 것을 보고 다른 친구들도 덩달아 "할머니, 진짜 예뻐요"라고 말해준다. "설날도 아닌데 왜 한복을 입어요?"라고 묻는 유아들의 질문이 쭉 이어지는 날들도 있다.

유아들에게 들려줄 동화책을 외우기 시작했다. 그러다 보니 나의 경험과 지혜, 재능을 나눌 수 있는 글을 쓰고 싶었다. 그 어디에서도 문학 수업을 받아본 적은 없었지만 작가가 되고 싶은 강한 열망이 나를 흔들었다. 나이 들어 간절함은 감사함이라고 했다. 김태광 대표님의 "성공해서 책을 쓰는 것이 아니라 책을 써서 성공한다"라는 말을 듣는 순간 주저하지 않았다. 그렇게 한책협 김태광 대표님을 만나 나의 꿈을 이루었다.

나의 의식과 잠재의식과 연결되어 있는 한책협은 내가 원하는 최적화된 장소다. 김태광 대표님께서 추천해주신 의식성장 관련 책들을 통해 나는 조금씩 모든 면에서 나아지고 있다. 의식변화를 통해 글쓰기는 나의 놀이터가 되었다. 즐겁고 행복한 마음으로 오늘도 놀이터에서 힘껏 뛰어논다. 대한민국 대표코치 한책협 김태광 대표를 믿고 따라가면 눈에 보이지 않는 것도 볼 수 있다.

귀농을 통해
자유를 얻는다

　공간 안에서 우리는 시간의 지배를 받고 미래를 지향하며 삶을 창조하면서 살아간다. 이 시간과 공간 안에서 늘 우리는 행복을 꿈꾼다. "지금 행복하십니까?"라는 질문에 어떤 사람은 "예", 어떤 사람은 "아니오", 또는 "잘 모르겠다"라고 대답한다. 행복을 정의하기는 힘들다. 하지만 "행복한 삶을 살고 싶은가?"라는 질문에는 모든 사람들이 "예"라고 답할 것이다. 행복한 삶을 살도록, 그것을 지향하도록 우리가 창조되었기 때문이다.

　예술적인 감각으로 작품사진을 찍던 남편은 예식장 운영을 하면서 귀농에 대한 꿈을 꾸기 시작했다. 자유분방한 직업을 가진 사람이라 그런지 농업의 무한한 가능성을 믿고 있었다.
　주말이면 북적대는 예식장 업무는 전쟁터처럼 모든 게 긴장이었다.

치열한 경쟁 속에서 욕망을 채우기 위해 하루하루를 바쁘게 살아갔다. 하지만 질식할 것 같은 스트레스에서 벗어나고 싶어 했다. 한적한 시골에서 자급자족하는 농사를 짓고 싶었다. 여유를 즐기고 진정한 삶의 주인이 되기를 원했다.

그렇게 귀농을 하기로 결심한 남편은 이스라엘 성지순례 후 청도에서 멋진 인생 2막을 준비했다. 기독교인들에게는 죽기 전에 한번 가보고 싶다는 성서의 땅 이스라엘이다. 보름간의 순례를 마치고 마치 귀농의 성공자라도 된 듯 청도로 출발했다. 확실한 의지로 출발한 본인과는 달리 나는 마치 어린아이를 물가에 내보내는 듯 걱정스러웠다. '혼자서 가도 되나? 생각보다 쉽지 않을 텐데…. 잘하겠지?' 하는 마음에 아이들에게 "아빠, 혼자서 잘할 수 있겠지?"라고 묻자 "그럼요, 우리 아빤데!"라는 아이들의 말에 용기가 났다. 서로 응원하고 격려하고 믿어주는 가족이 있어 행복했다.

중년 남성들의 버킷리스트 최우선 순위는 자연과 더불어 자유롭게 사는 귀농이다. 현실에서 세속적인 잣대를 거부하고 나만의 색깔을 내며 남에게 이끌리지 않고 주도적으로 산다는 것은 모든 사람의 소망일지 모른다. 귀농한 농장에서의 하루는 자연과 함께 돌아간다. 한 박자 늦게 살아갈 수 있는 숲속의 쉼이 있고, 그 안에서 느끼는 여유가 있어 좋다.

오랜만에 봄기운을 맞이한다. 청도 마티아 농장 과수원 가는 길은 마음을 편안하게 한다. 고즈넉이 홀로 차창 너머 시골 풍경을 바라보니 가는 길목마다 그저 겸손하게 내려놓고 고결한 모습으로 서 있는 감나무, 대추나무, 복숭아나무가 제각각의 매력을 뽐내며 나의 눈길을 스친다. 새로운 나의 모습을 연상하게 한다. 나도 이런 나무들처럼 나를 드러낼 수 있을까? 누구와도 비교하지 않고 나만의 색깔을 나타낼 수 있을까?

초등학교 시절, 쉘 실버스타인(Shel Silverstein)의 《아낌없이 주는 나무》를 읽고 나무 같은 삶을 살아야겠다고 생각했다. 농촌이 주는 풍요로움은 지난 세월의 추억을 소환한다. 나무는 소년을 정말 사랑했기 때문에 자신을 포기하면서 아낌없이 소년에게 모든 걸 준다. 기름진 땅에서 자란 나무에 열매가 열리듯 여유로운 마음 밭에 풍요로운 현실이 찾아온다. 나는 오늘도 치열하게 경쟁한 삶에서 자유를 만끽할 수 있는 무릉도원으로 향한다. 진분홍색 복사꽃이 만발한 평화로운 전원풍경은 신중년들의 로망인 '하늘 아래 첫 집'이다.

우리는 시공간에서 머무르며 작은 불안과 두려움을 안고 산다. 삶의 여정에서 찾아오는 두려움에서 벗어나 행복하고 싶다면, 행복한 삶을 살기 원한다면, 행복한 사람 옆으로 가라! 그만큼 우리 주변에 누가 있느냐가 중요하다. 농장에는 아담한 성모님이 산자락 위에서 아래를 향해 기도하고 계신다. 거제리 성당 교우께서 귀농한 선물로 보내주셨다. 농장에는 사계절 가리지 않고 많은 사람들이 찾아온다. 봄에는 냉이, 쑥, 고사리, 취, 두릅 등의 산나물을 뜯으며 힐링한다. 도시락도 준비해서 소풍 기분을 만끽하시는 어르신들도 계신다.

귀농하면서 할 일이 있고, 사랑하는 사람이 있으며, 희망이 있다면 그 사람은 지금 행복한 사람이다. 행복한 사람들 주변엔 행복한 사람들이 모여 있지만, 행복하지 않은 사람들 주변에는 사람이 없다. 노력 없이 공짜로 얻어지는 행복한 인생 이모작은 어디에도 없다. 진정한 행복은 귀농을 통해 자유를 얻는 과정에 있다.

나무 사이로 흘러 들어오는 햇빛과 숲의 바람을 크게 들이마시자. 그 신선함이 내 몸속에 신선한 에너지와 건강을 선물한다. 아침에 일어나자마자 기분이 좋았다. 세쌍둥이 퉁실이들이 발걸음을 멈추게 해서 이리저리 뛰며 함께 놀아준다. 닭들은 저마다 벼슬을 뽐내며 큰 소리로 나를 부르고 있다. 이렇게 이른 아침에 동물들과 뛰면서 운동한다. 어디에서도 볼 수 없는 자유다. 가끔 구름 한 점 없는 맑은 하늘을 도화지 삼아 그림도 그린다. 상상은 현실로 이루어진다고 했다. 농촌에서의 행복한 삶은 나를 활기차게 만들어 세월의 시계를 거꾸로 돌리는 듯하다.

오래전부터 작가가 되고 싶었다. 이름 모를 야생화를 보다가 예뻐서, 고귀해 보여서, 그리움에 시인이 되고 소설가가 되듯 나는 나만의 생각을 글로 쓰기 시작했다.

내게 대한민국을 대표하는 책 쓰기 코치 김태광 대표는 작은 거인이다. 귀농해서 자유를 얻어 글을 쓰면서 행복을 알게 해준 나의 멘토다. 책 쓰기 과정을 통해서 자유로운 삶을 살아가고 있다. 그동안 직장이라는 울타리 반경 안에서 나만의 왕국을 만들었던 내게 작가로서의 시야를 넓혀준 것은 한책협 김태광 코치와의 만남이다.

"스스로의 환경을 바꾸기 위해서는 먼저 사고를 바꿔야 한다"라는 말은 나에게 새로운 삶의 변화를 가져다주었다. 귀농의 준비는 무(無)에서 유(有)를 창조하듯 스스로의 사고를 변화시키는 데 있다. 농업은 무한한 가능성을 인지하고 새로운 기회에 도전하는 자만이 누릴 수 있는 특권이다. 진정한 행복은 귀농을 통해 자유를 얻는다.

"가보지 않은 길을 가는 것이 상상이며, 미래는 상상하는 자의 것이다."

– 시몬 페레스(Shimon Peres), 이스라엘 전 대통령

행복을 찾아가는
귀농 이야기

제1판 1쇄 | 2022년 7월 13일

지은이 | 이미순
펴낸이 | 오형규
펴낸곳 | 한국경제신문*i*
기획·제작 | ㈜두드림미디어
책임편집 | 최윤경, 배성분   **디자인** | 김진나 nah1052@naver.com

주소 | 서울특별시 중구 청파로 463
기획출판팀 | 02-333-3577
E-mail | dodreamedia@naver.com(원고 투고 및 출판 관련 문의)
등록 | 제 2-315(1967. 5. 15)

ISBN 978-89-475-4827-4 (03190)